CHEWING-GUM
ET SPAGHETTI

EXBRAYAT

CHEWING-GUM
ET SPAGHETTI

LIBRAIRIE DES CHAMPS-ÉLYSÉES

CHAPITRE PREMIER

Cyrus A. William Leacok se montrait très fier d'être né à Boston (Massachusetts) de parents nés eux-mêmes à Boston que la famille n'avait jamais quitté. Une autre cause essentielle de l'orgueil de Cyrus A. William tenait à ce que sa mère (une Baird de la banque Baird et Warren) comptait dans sa lignée maternelle une grand-tante dont la belle-sœur descendait en filiation suivie d'un émigrant du *Mayflower* [1], ce qui impliquait que les Leacok faisaient partie, par alliance sans doute, de l'aristocratie bosto-nienne. De plus, Cyrus A. William, dès ses débuts à l'Uni-versité de Harvard, s'était imposé comme un esprit de qualité qu'un puritanisme ancestral et hérité écartait des études littéraires proprement dites pour lui permettre de briller dans les sévères disciplines du Droit. Suffi-samment riche pour ne pas se soucier de gagner sa vie,

1. Bateau qui, au début du XVIIIe siècle, amena de Plymouth les premiers immigrants.

Cyrus A. William ne se préoccupait que de donner plus d'éclat au nom des Leacok. Il y parvenait admirablement. Spécialisé dans le droit criminel, il avait été appelé plusieurs fois en qualité d'expert dans des procès difficiles. A trente ans, notre homme, grand et blond, s'affirmait le type parfait du « Yankee » haï des Sudistes.

Pour Leacok, la guerre de Sécession continuait. Trop pris par ses recherches juridiques, il n'avait jamais eu le temps de songer à fonder un foyer, mais d'autres y pensaient pour lui et un conseil de famille, réuni dans la belle demeure des Leacok, le plaçant en face de ses responsabilités, lui accorda un sursis de quelque mois pour épouser la femme qui, avec son aide, perpétuerait une race qui ne pouvait s'éteindre. Ce sursis, Cyrus A. William l'employa à une étude comparée des polices criminelles dans les pays qu'il tenait pour civilisés ou presque. Ainsi, il vécut en Angleterre, où il se sentit comme chez lui (son Massachusetts natal faisant partie de la New England où l'on cultive les mœurs britanniques qui vous différencient du vulgaire), fut déçu par la France, dont les habitants lui paraissaient incapables de rien prendre au sérieux, même pas la recherche des hors-la-loi. Il ne fit que passer en Belgique pour s'attarder quelques semaines en Hollande où il sympathisa avec les policiers du cru semblables à lui sur bien des points, puis il s'enthousiasma pour les méthodes allemandes, dont il apprécia l'esprit rigoriste. Horrifié par l'Espagne, il n'y resta que quelques jours, croyant de bonne foi être revenu au moyen âge. Pour l'heure, il bouclait ses investigations en Italie avant de re venir directement à Boston où il se donnerait le temps d'écrire l'énorme traité pour lequel tant de documents avaient été réunis et qu'il déposerait dans la corbeille de noces de sa fiancée, Valérie Pearson, fille unique de Matthew D. Ovid Pearson, que ses usines de tissage mettaient au premier rang de la cité. Valérie s'affirmait un peu disgraciée par un visage qui l'eût fait regarder comme laide si une dot confortable, des espérances prodigieuses et surtout le fait qu'elle descendait aussi des immigrants du *Mayflower* par l'intermédiaire de ses cousins, ne l'avaient rendue aux yeux sagaces de Cyrus A. William plus belle que n'importe quelle star d'Hollywood.

Le hasard d'une rencontre à Paris et d'une recommandation destinée à faciliter son enquête dirigèrent Leacok sur Vérone. Avant de se rendre chez le haut fonctionnaire averti de sa proche visite, Leacok crut de son devoir de se promener quelques heures dans l'antique cité, mais ce genre de découverte ne l'intéressait en aucune façon. La basilique romane de San Zeno le laissa de glace et les chœurs entendus dans l'hôtellerie della Pignata l'ennuyèrent. Les villes ne retenaient l'attention de Cyrus A. William que par leur hygiène et, depuis son débarquement sur le vieux continent, il vivait dans un mépris profond à l'égard d'un monde dont la crasse semblait faire partie intégrante. Peu à peu, la mission d'information qu'il s'était confiée à lui-même avait changé de visage et le vieux fond prédicant, hérité de lointains ancêtres, le persuadait qu'il lui incombait de donner des conseils à ceux qu'il visitait, étant convaincu qu'aucune police criminelle ne saurait rivaliser avec celle, incomparable, des États-Unis.

Angelo Alessandri, sur qui reposait la direction de la police véronaise, travaillait en compagnie d'Emmanuele Bertolo, son secrétaire, lorsqu'on lui annonça Leacok.

Il ordonna de l'introduire aussitôt et le reçut avec cette amabilité souriante qui est l'apanage des très vieux peuples que plus rien ne peut étonner. Le contact fut d'autant plus facile que Cyrus A. William parlait couramment l'italien appris à Harvard en même temps que le français. L'Américain exprima son désir de travailler un certain temps auprès d'un enquêteur criminel afin de juger la manière dont il s'y prenait pour résoudre les problèmes que le hasard lui proposait. Au bout d'un quart d'heure, Angelo Alessandri, un peu démonté, réalisait que son hôte nourrissait l'ambition de réformer la police italienne en général et celle de Vérone en particulier. Parce qu'il voyait la retraite approcher et qu'il ne tenait pas à susciter des histoires risquant de lui retomber sur le nez, Angelo se retint d'envoyer promener ce suffisant Anglo-Saxon, mais il se demandait bien comment s'en débarrasser lorsque Bertolo, devinant son embarras, lui cligna de l'œil tout en suggérant avec respect et timidité :

— Peut-être, monsieur le directeur, pourriez-vous adresser le signor Leacok au commissaire Tarchinini ?

Alessandri fut sur le point de demander à son secrétaire s'il n'était pas fou, puis le sel de laplaisanterie lui apparut et, rasséréné :

— Excellente idée, Bertolo ! Signore Leacok, je vais vous adjoindre au commissaire Tarchinini, notre meilleur limier. C'est un homme dont l'aspect pourra vous surprendre car je doute que vos policiers ressemblent en quoi que ce soit à Tarchinini, mais ne vous laissez pas abuser. Ce garçon est malin en diable, et je crois qu'il est le plus à même de vous initier à notre routine.

Le directeur décrocha son téléphone, appela le bureau de Tarchinini pour lui annoncer qu'il lui envoyait un Américain puissamment recommandé et qui vivrait à ses côtés le temps qu'il jugerait nécessaire pour établir son jugement sur la manière de travailler des policiers véronais. Tarchinini se déclara enchanté et Alessandri enjoignit à son planton de conduire le signor Leacok auprès du commissaire. Lorsque la porte se fut refermée sur le visiteur, Emmanuele Bertolo gloussa :

— Si vous me permettez cette réflexion triviale, signor direttore, je pense qu'on va se marrer !

— Je vous le permets d'autant mieux, monsieur le secrétaire, que je partage entièrement votre manière de voir !

Et ils partirent tous deux d'un formidable éclat de rire qui, parce qu'on se trouvait en Italie, parcourut toute la gamme ascendante et descendante sans une fausse note.

Quand il entra dans le bureau de Tarchinini, Leacok marqua un temps d'arrêt, se demandant s'il n'était pas victime d'une illusion. A peine avait-il franchi le seuil qu'un petit homme replet, au cheveu calamistré, à la moustache aux pointes relevées et cirées, une énorme chevalière à la main gauche, une autre bague ornée d'une pierre de couleur à la main droite, vêtu d'un complet noir des plus cérémonieux dont le côté funèbre était relevé par la blancheur d'un gilet de piqué blanc, chaussé de souliers vernis éblouissants accompagnés de guêtres d'une blancheur immaculée, portant une cravate abondante piquée d'un monstrueux fer à cheval où s'égrenaient trois ou quatre perles fines et jaillissant d'un col raide, se levait précipitamment de derrière le bureau pour se jeter dans ses bras, lui tapant sur les épaules, lui étreignant les mains avec tant d'émotion, de plaisir, d'enthousiasme que Cyrus A. William se demanda avec angoisse si cet olibrius n'allait pas l'embrasser. De sa voix froide, coupante de Bostonien fervent du « kant » britannique, il interrogea :

— Le commissaire Tarchinini ?

— Lui-même pour vous servir ! C'est un honneur pour moi que de vous recevoir, de vous offrir mon amitié et de vous dire fièrement :
Vous pouvez compter sur votre ami Tarchinini qui donnera sa vie pour vous si le besoin s'en fait sentir ! Un cigare ?

— Merci, je ne fume pas.

— Ça, par exemple ! On m'a bien raconté que les Américains sont des excentriques mais... ne pas fumer ! A quoi passez-vous donc votre temps alors ?

— A travailler, monsieur le commissaire.

— Mais, moi aussi, je travaille et ça ne m'empêche pas de fumer ! Enfin, chacun ses idées, hein ? Asseyez-vous, je vous prie ?

Leacok fut presque porté dans un fauteuil qui se trouvait devant le bureau tandis que son hôte regagnait son propre siège. Profitant de ce que le commissaire s'installait et allumait un cigare, l'Américain précisa :

— Je me nomme Cyrus A. William Leacok.

— Je sais, je sais...

— Vous me connaissiez ?

— Pardon ?

— Je demande si vous me connaissiez avant que je ne me présente à vous ?

— Ma foi... non. J'aurais dû?

— C'est-à-dire que j'ai écrit plusieurs ouvrages sur la législation criminelle...

— Oh! moi, vous savez, sorti de nos poètes et de Shakespeare, je ne lis pas grand-chose.

— Je ne pense pas que les poètes ni même Shakespeare puissent être d'un grand secours dans la solution d'un problème criminel?

— Détrompez-vous, les crimes ont presque toujours l'amour pour mobile. On est sur terre pour aimer, être aimé ou pour se consumer en amours impossibles et ici plus que n'importe où ailleurs!

— Pourquoi?

— Comment pourquoi? Mais parce que nous sommes à Vérone!

— Et alors?

Pour la première fois depuis le début de leur entretien le commissaire laissa voir un net désarroi :

— Mais, enfin, Vérone...!

L'air incompréhensif de l'Américain troubla profondément Tarchinini et ce fut presque à voix basse qu'il dit :

— Voyons, monsieur Leacok... Roméo? Giulietta?

— Roméo?... Ah! oui! Shakespeare, n'est-ce pas?

L'Italien parut délivré. On devinait qu'il avait craint, un moment, que ce personnage d'outre-Atlantique n'eût jamais entendu parler des deux célèbres amoureux.

— Shakespeare et Vérone.

A son tour, Cyrus A. William sourit.

— Mais, commissaire, ce sont des personnages de théâtre?

— Erreur! Ils sont vivants, éternellement vivants et si, ce soir, à la tombée du jour, vous vous promenez dans n'importe quel quartier de notre ville, vous verrez d'innombrables Giulietta se hâtant aux rendez-vous où les attendent d'innombrables Roméo. Chez nous, monsieur, l'amour sourd de partout et pour peu que vous ayez le sang chaud, le cœur tendre et un brin d'imagination, passez dans la plus étroite, dans la plus sombre des venelles et je vous gage que vous y rencontrerez les deux charmants fantômes qui hantent Vérone depuis des siècles : Roméo et Giulietta!

Alors que Tarchinini reprenait haleine, Cyrus A. William haussa pesamment ses larges épaules :

— Ridiculous!

— C'est la vie qui serait ridicule, pour nous autres gens de Vérone, si nous cessions subitement de croire à l'existence éternelle de Roméo et de Giulietta!

— Et ce sont, sans doute, vos fantômes — comme vous dites — qui vous aident à rechercher le coupable d'un meurtre, par exemple?

— Parfaitement.

Leacok rougit de colère et grogna :

— You are laughing at me?

— Pardon?

— Je vous demande si vous vous fichez de moi, signor Tarchinini?

— Mais pas le moins du monde! Comprenez-moi, signor Leacok! Du moment que Vérone est imprégnée d'amour, que l'amour est la chose essentielle, comment voulez-vous que les crimes n'aient pas leurs motifs dans l'amour?

— Si je vous suis bien, qu'un voyou étrangle une vieille femme, qu'un truand assassine un rentier pour le voler, le responsable, c'est d'abord l'amour?

— Je suis heureux de voir que vous m'avez compris!

— Et vous arrivez quelquefois à attraper les criminels?

Ignorant la raillerie de la question, le commissaire répliqua :

— Toujours, signor Leacok. Vérone est une des rares villes d'Italie d'où l'on ne s'échappe pas!

— A cause de l'amour, bien entendu?

— Bien entendu. Le criminel est généralement enchaîné avant que nous ne l'arrêtions.

Cyrus A. William se leva et, très raide :

— Signor commissaire, j'ai étudié à fond les méthodes de la police criminelle des États-Unis, j'ai vécu des mois dans l'ambiance studieuse de Scotland Yard, j'ose dire que les règlements appliqués en Allemagne, en Suisse et en Hollande n'ont plus de secrets pour moi, je reconnais que les habitudes de la police française m'ont quelque peu désorienté, je croyais avoir découvert à travers la police espagnole ce qu'on faisait de pire sur le vieux continent mais jamais, vous entendez? jamais, je n'ai entendu pareil ensemble de sottises que celui que vous venez de me débiter! C'est proprement incroyable! Vous paraissez ignorer, signor commissaire, que la recherche criminelle est une science où le laboratoire joue le rôle essentiel! Il faudrait que vous veniez aux States pour visiter nos organisations! Nous n'avons pas de fantômes, nous, signor commissaire!

— Qu'est-ce qu'ils y feraient?

— What?

— Je dis, signor Leacok, que les États-Unis n'offrent pas un climat qui convient aux fantômes... Ces derniers ont besoin de vieux murs, de ruelles sales, de châteaux délabrés... Les fantômes sont tués par l'hygiène... Il faut aussi qu'on croit en eux...

— Si vous voulez mon avis, signor Tarchinini, il est temps que votre pays prenne des leçons...

— Il en a si longtemps donné au monde, signore, qu'on ne saurait plus rien lui apprendre... surtout pas les nouveaux venus, fussent-ils plus riches de zèle que de tact. Signor Leacok, je voudrais vous demander de ne pas juger avant d'avoir observé...

D'un geste emphatique, il montra la fenêtre :

— Regardez! Le soir tombe sur Vérone et un soir de printemps encore!

— Comme partout ailleurs en Europe occidentale, j'imagine?

— Non, signore, pas comme partout! Chez nous, la nuit ressemble à un velours. La nuit de Vérone est un rideau de théâtre que Dieu relève ou abaisse, mais le spectable est derrière le rideau. Tout à l'heure, je vous montrerai les acteurs car toute la ville joue, mais chacun est à soi-même son propre acteur et son propre spectateur.

— Passe encore pour les jeunes, mais les vieux...

— Les vieux comme les jeunes, signore, car les premiers sont jeunes de toute la jeunesse de l'amour et les seconds sont vieux de toute la vieillesse de l'amour...

— Signor commissaire, je n'aurais jamais pensé, en entrant dans votre bureau, que j'y entendrais une dissertation sur l'amour.

— A Vérone, signore, il est difficile de parler d'autre chose.

— Aux États-Unis, nous avons la réputation d'être directs et de ne pas dissimuler nos sentiments. Aussi, vous voudrez bien m'excuser, signor Tarchinini, si je vous déclare que vous me semblez être à un policier ce que, chez nous, un enfant est à un de nos policemen.

— Vous m'en voyez ravi, signore! Je détesterais ressembler à un policier! Et maintenant, si vous le voulez bien, je vais vous emmener dans un petit restaurant de la via Lastre, près du ponte Aleardi, où je me propose de vous faire manger un « risi e luganica » [1] comme vous n'en avez jamais mangé, et une « torta di mandorle » [2] qui renforcera vos convictions dans la bonté du ciel à notre égard. Nous arroserons le tout d'un bardolino [3] dont je ne vous dis rien, vous laissant seul juge.

— Je n'aime pas du tout votre nourriture antihygiénique!

Tarchinini regarda l'Américain d'un œil incrédule :

— Vous plaisantez, je pense, signore?

Leacok estima qu'il n'était vraiment pas nécessaire d'ouvrir une discussion sur les mérites comparés de leurs cuisines nationales et qu'au surplus, à l'hôtel, on serait incapable de lui préparer les aliments dont il éprouvait la nostalgie : les énormes crevettes de Boston servies avec une mayonnaise sucrée, un hamburger recouvert d'un matelas d'oignons frits, une tarte aux pommes et une bouteille ou deux de coca-cola glacé! Heureusement

1. Riz à la saucisse.
2. Tarte aux amandes.
3. Vin rouge de Vénétie.

que même à Vérone on trouvait du coca-cola, ce qui démontrait assez que les pionniers de la civilisation ne doivent jamais désespérer. Cyrus. A William accepta donc avec un soupir résigné l'invitation du commissaire et se rassura en pensant qu'il possédait une bonne provision de bicarbonate dans ses bagages. Au moment de sortir, Tarchinini poussa un cri :

— Madonna Santa! J'allais oublier de prévenir ma femme que je ne rentre pas dîner!

Il se précipita sur le téléphone (car il parut à l'Américain que ce curieux policier ne pouvait rien faire calmement) et appela la signora Tarchinini comme s'il se trouvait en danger de mort. Scandalisé, froissé dans sa pudeur puritaine, Leacok entendit :

— Allô! C'est toi, ma colombe? Oui, c'est ton éternel amoureux. Ma chérie, ne m'attends pas pour dîner, je suis avec un Américain venu étudier nos méthodes... Je t'expliquerai... Mais tu sais bien que je n'aime que toi au monde! Au revoir, ma douceur... Au revoir, ma Giulietta!

C'en était trop pour Leacok et alors que le commissaire raccrochait le téléphone, il lui cria :

— Vous n'allez quand même pas me dire que la signora Tarchinini se prénomme Giulietta?

— Et pourquoi pas? Je m'appelle bien Roméo!

Cyrius A. William n'aima pas le « risi e luganica » et n'apprécia que médiocrement la tarte aux amandes, tout en ne trempant qu'à regret ses lèvres dans le bardolino — dont la violence lui rendait plus chère l'hygiénique insipidité du coca-cola national, — mais il eut le bon goût de n'en rien laisser paraître et Tarchinini assez de délicatesse pour ne point sembler s'en apercevoir. Lorsqu'ils sortirent du restaurant, la nuit de mai enveloppait douillettement Vérone. Le commissaire tint à accompagner son hôte jusqu'au *Riva San Lorenzo e Cavour* où il logeait, mais l'entraîna par le chemin des écoliers, le poussant le long de ruelles chargées d'histoire et lui signalant d'un coup de coude les ombres enlacées dans les recoins, sous les porches ou même assises sur le bord du trottoir. De ces spectacles scandaleux. Tarchinini semblait tirer une particulière fierté. Devant l'entrée de l'hôtel, le commissaire salua l'Américain en lui demandant :

— Alors, vous avez vu ? Vous y croyez maintenant à l'éternité de Roméo et Giulietta à Vérone ?

— Loathsome ! [1] Scandalous !

— Mais non, mais non... Naturel et voulu par le bon Dieu ! Buona sera, signore ! A rivederci...

Sitôt qu'il eut réintégré sa chambre, Cyrus A. William, avant même de prendre son bicarbonate sauveur, écrivit une longue lettre à Valérie Pearson pour lui confier son indignation quant aux mœurs des Véronais et son inquiétude quant au triste destin d'un continent qui se laissait aller à la dépravation dans une complicité générale. Il exécuta en quelques mots le signor Tarchinini qu'il traita de clown incapable et dont on ne voudrait même pas à Boston comme gardien de nuit. Il concluait en affirmant que le temps lui durait de retrouver la sage Amérique dont il ne bougerait plus, étant dégoûté de l'Europe à tout jamais. Au surplus, il prévoyait que ce

1. Écœurant !

retour ne saurait tarder beaucoup car si toute la police criminelle italienne ressemblait à celle de Vérone, il n'éprouvait aucune envie de pousser plus loin son enquête, mais il ne serait pas fâché, le cas échéant, de donner une leçon à ces pantins et de leur montrer comment on s'y prenait à Boston pour régler le compte de ceux qui se permettaient de troubler l'ordre public. Il faillit terminer sa lettre en disant à Valérie qu'il l'embrassait, mais le souvenir des couples enlacés et nullement dérangés par son passage lui parut un outrage à la vertu de la fille de Matthew D. Ovid et il se contenta de l'assurer respectueusement de sa tendresse.

Puis, soulagé, il se coucha, mais avant d'éteindre sa lampe de chevet, il murmura une courte prière pour remercier Dieu de l'avoir fait naître de l'autre côté de l'Atlantique, puis — habitude prise au régiment et dont il n'avait pu se défaire malgré la vulgarité qu'elle impliquait — il se colla deux tablettes de chewing-gum dans la bouche et resta un long moment dans l'obscurité à remâcher sa gomme et son indignation.

La sonnerie du téléphone arracha Leacok à des rêves paisibles où il se voyait donnant une consultation juridique dans son somptueux bureau de Boston. Ce réveil intempestif le mit tout de suite de mauvaise humeur et la voix empressée, au bout du fil, pleine de miel et de gentillesse, lui crispa les nerfs :

— Signor Leacok... Il y a là un agent de police qui demande à vous voir.

— Un agent ? A cette heure-ci ?

— Il est neuf heures, signor Leacok...

La réponse mortifia Cyrius A. William qui, intérieurement, rendit le commissaire Tarchinini responsable de cette entorse apportée à un mode de vie qui l'obligeait à exécuter ses mouvements de gymnastique matinale à sept heures au plus tard.

— Bon, qu'il monte!

— Grazie, signore [1]!

Leacock passa ses pantoufles, enfila sa robe de chambre, se rinça la bouche et achevait de se donner un coup de peigne lorsque, après avoir frappé, un jeune agent se présenta, l'air quelque peu agité.

— Signor Leacock?

— Oui.

— C'est le commissaire Tarchinini qui m'envoie vous dire que nous en avons un.

— Un quoi?

— Un cadavre.

— On a tué quelqu'un cette nuit?

— Moi, signore Leacock, je n'en sais pas davantage. Le commissaire Tarchinini m'a dit: « Emilio, avant de rentrer chez toi, passe donc à l'hôtel de l'Américain pour lui annoncer que je vais m'occuper d'un cadavre. Si ça l'intéresse, qu'il s'amène. Je l'attendrai jusqu'à dix heures. Après, tu rentres chez toi. » Parce que je dois vous mettre au courant: j'ai été de service toute la nuit et si je suis venu ici au lieu de regagner directement ma maison, c'est par pure complaisance. D'autant plus que Bruna, ma femme, elle m'aime tellement qu'elle ne respire quasiment pas lorsque je ne suis pas à ses côtés...

Penser à sa femme mit les larmes aux yeux d'Emilio

1. Merci, monsieur.

qui, sous le coup de l'émotion, oublia les distances et tapota gentiment l'épaule de Cyrus A. William en lui confiant :

— Signore, je souhaite que la Madone vous réserve une femme pareille à ma Bruna, alors vous serez le plus heureux des hommes et vous passerez votre temps à remercier le ciel. A rivederci, signore.

Emilio sorti, Leacok se laissa tomber sur le bord de son lit. Il n'était pas sûr de n'avoir pas rêvé. Voyons : un agent de police en uniforme était-il bien entré dans sa chambre pour lui confier, entre autres, qu'il se trouvait heureux en ménage ?... Cet agent ne lui avait-il pas tapé sur l'épaule, comme autrefois ses camarades d'Harvard lorsqu'ils les rencontrait dans un salon ami ? et s'était-il, oui ou non, permis de s'immiscer dans sa vie privée pour lui donner des conseils ?

Cyrus A. William avait sans doute épuisé ses possibilités d'indignation, car il ne s'emporta pas ou bien n'était-il pas encore complètement réveillé ? Mais tout en se rasant, il songeait à la tête que ferait Matthew D. Ovid Pearson si un policeman pénétrait chez lui au moment de son lever afin de le prendre pour confident de ses amours.

Malgré l'heure matinale (pour Vérone), le commissaire Tarchinini, tiré à quatre épingles et répandant les mêmes effluves parfumés que la veille, reçut l'Américain avec cet enthousiasme qui semblait appartenir à sa nature. Mais Leacok coupa court à ses protestations d'amitié :

— Il paraît que vous avez un cadavre sur les bras ?

— Oui... C'est mon ami, le commissaire Ludovico Tarvoli...

— Oh! je ne savais pas... I'm sorry [1]. Veuillez accepter mes condoléances, signor commissaire... Il est tombé dans l'exercice de ses fonctions, je suppose?

A la manière dont Roméo Tarchinini contempla Cyrus A. William, ce dernier eut l'impression que l'autre le prenait pour un fou ou qu'il n'avait pas compris un traître mot aux consolations offertes. Soudain le visage du commissaire s'éclaira et il se mit à rire :

— Signor Leacok, vous avez mal interprété... Ludovico Tarvoli est le commissaire de police du quartier de San Fermo Minore où a été découvert le corps et il m'a alerté car il ne se sent pas très sûr de lui...

— A quel point de vue?

— Il n'ose conclure au suicide et il ne se reconnaît pas le droit de décréter que c'est un meurtre. C'est pourquoi il serait heureux d'avoir mon avis et le vôtre, signore, j'en suis sûr, quand je lui aurai dit qui vous êtes.

Cyrus A. William devina que l'occasion s'offrait à lui de donner une bonne leçon à ces Italiens sans méthode et aussi ingorants de la police moderne que les anciens sheriffs des westerns. Fébrile, il se leva :

— Alors, nous partons?

— Nous partons, signore.

En dépit de cette assurance, Roméo Tarchinini continuait à ranger quelques dossiers épars sur son bureau et ne bougeait pas de son fauteuil. Exaspéré, l'Américain parla un peu plus haut qu'il ne convenait :

— For God's sake! [2] Remuez-vous donc!

---

1. Je suis navré.
2. Pour l'amour de Dieu!

Décidément, Tarchinini ne se ferait jamais aux manières d'outre-Atlantique.

— Qu'est-ce qui vous prend, signore?

— Mais chaque minute qui passe est une minute de perdue!

— Pour qui?

Éberlué en face de tant d'inconscience, Leacok ne répondit pas tout de suite et le commissaire en profita pour développer sa pensée :

— Pour le mort? Il n'en est plus à une minute près... Je pense même qu'il se fiche éperdument de l'heure...

— Mais s'il s'agit d'un meurtre, l'assassin peut fuir!

— Je vous ai déjà dit, signore, qu'on ne quittait pas Vérone. Si nous nous trouvons en présence d'un crime, il ne saurait avoir été inspiré que par l'amour, donc le meurtrier restera ici auprès de sa bien-aimée et je lui mettrai la main au collet.

— Et si ce n'est pas un crime passionnel?

— Impossible, signore. Pas à Vérone!

Cyrus A. William avait les nerfs en pelote. Aussi en montant dans la voiture du commissaire ne put-il se retenir de confier à son compagnon :

— Vous autres, Italiens, je crois que je ne vous comprendrai jamais! Vous ne tenez aucun compte du temps qui, chez nous, est le facteur premier.

— Parce que nous, signore Leacok, nous avons l'habitude de l'éternité.

Le commissaire Ludovico Tarvoli reçut son collègue avec les plus vives démonstrations d'amitié. Les deux hommes se pétrirent les mains, s'embrassèrent, se caressèrent sous le regard éberlué de Cyrus A. William qui montrait le visage écœuré d'une vieille fille anglaise contemplant au zoo de Regent's Park des singes se livrer à des exercices que la pudibonderie britannique feint d'ignorer. Présenté à Tarvoli, Leacok eut droit également à des effusions qui ne firent que l'exaspérer davantage. Les trois hommes ayant pris place dans les fauteuils crasseux du commissariat, Cyrus A. William ne tarda pas à s'apercevoir que les deux policiers, plongés dans l'évocation de souvenirs communs, semblaient avoir complètement oublié le sujet de cette réunion.

— Ludovico, te rappelles-tu la paire de gifles que ton père t'assena lorsqu'il s'aperçut que tu sortais avec cette fille de San Zeno?

— Et le plus fort, c'est qu'elle sortait avec toi!

— Tu es sûr?

— Enfin, disons : chacun à notre tour!

Ils s'esclaffèrent, se tapant sur les cuisses et frappant le plancher du talon.

— Te souviens-tu, Roméo, de son prénom?

— Attends... N'était-ce pas Lydia? Ou Agnese?

— Plutôt Alba, non?

Leacok vit le moment où toutes les saintes du calendrier italien allaient défiler. Très sec, il interrompit les confidences des deux camarades :

— Excusez-moi, signor Tarchinini, je m'imaginais que nous étions venus pour examiner un cadavre?

Il y eut un froid. Gêné, Roméo s'adressa à son collègue pour tenter d'amenuiser la grossièreté de cette interruption inopportune :

— E un Americano [1]...

Et Tarvoli, avec un accent où se condensait le mépris
ancestral des vieilles races désabusées pour les peuples
sans histoires, répéta :

— E un Americano... mais sur un ton tel que Cyrus A.
William eut l'impression de recevoir un soufflet.

Il en rougit jusqu'à la racine des cheveux et, sur le
moment — s'il en avait eu le pouvoir — il aurait ordonné
à la flotte U. S. de la Méditerranée d'ouvrir le feu sur
l'Italie. Mais comme il était d'esprit posé, il se calma
presque aussitôt en songeant que, même avec la meilleure
volonté du monde, les canons des cuirassés américains
n'auraient pu atteindre Vérone.

— Roméo, mon excellentissime ami, je t'ai peut-être
dérangé pour rien...

— Tais-toi, Ludovico ! Ne parle pas ainsi, tu me blesses
au meilleur de moi-même ! Déranger pour rien alors que tu
me donnes l'occasion de te revoir ?

Vont-ils recommencer ? se demandait avec angoisse
Leacok qui avait envie de leur crier qu'ils étaient, l'un et
l'autre, de damnés hypocrites car, habitant à moins de
dix minutes de leurs bureaux respectifs, ils n'avaient nul
besoin de passer par l'intermédiaire involontaire d'un
cadavre pour se rencontrer. Cyrus A. William s'affirmait
nettement allergique à l'imagination latine.

— Figure-toi, Roméo que ce matin, sur les sept heures,
l'agent Marco Morer finissait sa tournée lorsqu'il entendit
une femme, quasiment folle de peur, qui hurlait. Il réussit
à la calmer et elle lui apprit qu'il y avait le cadavre d'un
homme sur la berge de l'Adige, presque en face de la piaz-

1. C'est un Américain.

zetta Vittoria, là où l'on a commencé un chantier qui a
été abandonné pour un temps... Naturellement, Morer est
venu me prévenir, mais je n'étais pas là, tu penses, à cette
heure! Bref, il est retourné se mettre en faction là-bas
pour écarter les enfants, qui auraient pu vouloir s'amuser
dans le chantier, et les curieux. Quand je suis arrivé, on
m'a mis au courant et j'ai rejoint Morer. Le mort, c'est
un type d'une trentaine d'années, correctement vêtu.
D'après ses papiers, il s'agit d'un représentant de com-
merce, Eugenio Rossi. Comme ça, à première vue, il semblait bien s'être collé un coup de revolver dans la tête. On
voyait encore les traces de poudre sur sa tempe, seulement
on n'a pas retrouvé l'arme...

— Ah! Ah!

— Maintenant, comme personne n'a rien entendu, qu'il
était froid, il se pourrait qu'il soit mort depuis pas mal
de temps et qu'un clochard ait chippé le revolver pour le
revendre.

— C'est possible.

Leacok se mêla à la conversation :

— Que dit l'Identité Judiciaire?

— L'Identité Judiciaire, signore? Elle n'en dit rien,
pour la bonne raison qu'elle n'est pas au courant.

— Pas au courant? Mais, si c'est un crime?

— D'accord! Mais si c'en est pas un? Un commissaire
de quartier ne peut pas se permettre de déranger ces
messieurs inutilement.

Cyrus A. William ne parvenait pas à croire ce qu'il entendait :

— Vous avez laissé le corps sur place, sous la surveillance de l'agent Morer, signor commissaire?

— Le laisser sur place, avec les enfants qui peuvent venir d'un moment à l'autre ? Vous faites attention à ce que vous dites, signore ?

— Mais, enfin, les empreintes autour du corps, sa position ; bref, tous les indices qu'on pourrait recueillir ?

Tarvoli haussa les épaules :

— Ça, c'est dans les romans, signor Leacok. Nous, ici, nous travaillons plus simplement.

Effondré devant tant d'inconscience, Cyrus A. William ne pipa plus un mot et se cantonna dans un silence réprobateur, songeant aux notes vengeresses qu'il écrirait sur l'esprit rétrograde de la police véronaise. Roméo Tarhinini demanda :

— Cette femme qui a découvert le corps...

— C'est la signora Sophia Meccali. Elle est concierge au 423 de la via Filippini.

— Bon, eh bien ! je vais lui faire une petite visite. Venez-vous, signor Leacok ?

CHAPITRE II

De même que le paysan en train de retourner la terre reprend haleine en s'appuyant de ses mains jointes sur le manche de sa bêche que son sabot maintient en place, de même la signora Sophia Meccali, ayant interrompu le balayage de son trottoir, prenait appui sur le manche de son balai pour répondre aux questions que toutes les concierges de la via Filippini, groupées autour d'elle, lui posaient. Depuis trente-cinq ans, la signora Meccali faisait la loi dans la via Filippini et nulle de ses consœurs ne se serait avisée de prendre la moindre initiative sans venir d'abord lui demander conseil.

La Meccali reprenait pour la vingtième fois peut-être le récit, qui s'enjolivait d'heure en heure, de sa découverte du cadavre sur la berge de l'Adige, lorsque l'auto du commissaire Tarchinini s'arrêta à la hauteur du groupe formé par les auditrices passionnées. Roméo en descendit le premier, Cyrus A. William sur les talons. Le policier ôta fort courtoisement son chapeau avant de lancer à la cantonade :

— La signora Meccali, per favore [1] ?

L'ensemble des concierges regarda d'un œil noir cet importun dont la tenue causa cependant bonne impression. A Vérone, on a un faible pour les hommes élégants. Mais la Meccali, furieuse d'être interrompue dans un monologue dont elle avait admirablement gradué les effets, répondit avec sécheresse :

— C'est moi! Qu'est-ce que vous me voulez, signore ?

D'instinct, les femmes s'écartèrent pour laisser les deux adversaires face à face. Tarchinini s'inclina devant la concierge comme s'il s'était trouvé en présence de la reine d'Angleterre. On prisa fort cette marque de politesse, mais ce fut une stupeur admirative lorsque le policier déclina ses titres :

— Commissaire Roméo Tarchinini, de la police criminelle.

Leacok, observant la scène, nota que si son confrère avait voulu que tout le quartier soit mis au courant de sa visite, il n'aurait pas agi autrement. Ces Italiens faisaient tout à l'envers! La Meccali, écrasée par l'honneur soudain qui l'accablait, se redressa de toute sa taille fort imposante et, promenant un regard altier sur ses collègues ravalées d'un seul coup au niveau du pavé de la rue, elle exécuta une sorte de révérence pour montrer à son interlocuteur qu'elle aussi avait de bonnes manières, tout en lançant d'une voix vibrante comme un tympanon :

— Si vous voulez me suivre, signor commissaire ?

Et, majestueuse, sans daigner jeter un coup d'œil ami-

1. S'il vous plaît.

cal à celles qu'elle abandonnait dévorées de curiosité, elle se dirigea vers sa loge, suivie de Tarchinini à qui Cyrus A. William emboîta le pas.

La loge de la signora Sophia Meccali se présentait sous l'aspect d'une caverne baignant dans la clarté laiteuse d'une lumière rare. Pour donner une pauvre gaieté à l'ensemble, la concierge avait collé aux murs des dizaines et des dizaines de photographies où feu le roi Victor-Emmanuel voisinait avec Togliatti tandis que Fanfani tenait compagnie à Lolobrigida que Jean XXIII semblait surveiller. La Meccali aimait l'art pour l'art et ignorait la mesquinerie des passions partisanes.

Le commissaire lui ayant présenté son compagnon, la signora Sophia Meccali pria ses hôtes de s'asseoir et leur offrit un petit verre d' « acqua di Firenze » [1] pour se remettre. Ils acceptèrent, mais lorsque Leacok vit le récipient douteux dans lequel on prétendait le servir, il eut un haut-le-corps et prétexta une subite indisposition pour refuser la liqueur. La Meccali s'en montra surprise mais Tarchinini, voulant éviter tout incident, se hâta d'expliquer :

— E un Americano... No ha l'abitudine [2]...

La concierge répéta :

— E un Americano.

Et elle mit tant d'indulgente pitié dans ce commentaire sans originalité que Leacok y découvrit un nouvel affront qui faillit le faire quitter immédiatement la place. Heureusement pour l'entente italo-américaine, le commissaire enchaînait déjà :

1. Liqueur d'écorces de citron et d'épices.
2. Il n'a pas l'habitude.

— Alors, signora, il paraît que vous avez eu une bien désagréable émotion ce matin ?

— Ah! Gesu Cristo! Je m'en souviendrai pendant tout le temps qui me reste encore à vivre! Une abomination, signore commissaire, une abomination capable de vous tuer raide, surtout quand on a le cœur faible comme moi!

Et elle se versa rapidement un nouveau petit verre d' « acqua di Firenze » pour soutenir ce vieux cœur dont elle se méfiait.

— Je vous comprends, signora, cela dut être terrible...

— Pire, signor commissaire, pire! C'est bien simple, Il y n'a pas de mot pour exprimer ce que j'ai ressenti!

Sur sa chaise, Cyrus A. William s'agitait nerveusement. Dire qu'il assistait à l'enquête d'un commissaire à la police criminelle! On ne devait pas procéder autrement aux époques obscures du haut Moyen Age!

— Si vous nous racontiez comment cela s'est passé, signora ?

— Il faut que vous sachiez que, chaque matin, en me réveillant sur les six heures, six heures et demie, mon premier geste — depuis que je suis veuve et cela ne date pas d'hier puisque mon pauvre mari (que la Madone intercède pour lui auprès de son Divin Fils, car Rafaele était de son vivant un foutu ivrogne!) est mort il y aura trente-deux ans à la Pentecôte — est de tendre le bras sur ma couverture pour caresser Roméo.

Leacok bondit :

— Encore ?

Les deux autres le regardèrent sévèrement.

— Encore Roméo ?

Souriant, Tarchinini murmura :

— Je vous avais averti, signore, vous le rencontrerez partout dans Vérone.

Et à la Meccali, qui s'inquiétait de connaître la cause de l'émoi manifesté par Cyrus A. William, le commissaire reprit l'éternelle excuse :

— E un Americano...

Leacok éprouva alors l'humiliante conviction que ces deux Italiens le considéraient un peu comme ses concitoyens de Boston les Noirs de l'Alabama, avec une méprisante indulgence. Il en fut profondément ulcéré et décida de ne plus ouvrir la bouche. Toutefois, la signora, pour marquer sa désapprobation, tint à spécifier :

— Roméo, c'est mon chat, signore ; une bête superbe qui est mon meilleur compagnon! D'habitude, il ne me quitte pas de la nuit, mais au mois de mai, pas moyen de le tenir et je laisse la fenêtre entrebaillée pour qu'il puisse rentrer. Or, ce matin, pas de Roméo. Je me dis aussitôt : Sophia, il est arrivé quelque chose à Roméo et, passant mon manteau sur ma camisole, je me glisse dehors et je me mets à appeler mon chat. Je connais bien ses manies, aussi ai-je tout de suite filé sur l'Adige en passant par les rues où il a ses habitudes. Je ne cessais pas d'appeler Roméo lorsque, soudain, je crus entendre le miaulement plaintif de mon mignon! Je me précipitai et le trouvai enfin, le poil hérissé et quand je voulus le prendre dans mes bras pour lui reprocher son ingratitude et le mauvais sang qu'il m'avait fait faire, je butai dans un corps étendu sur le sol.

La voix de la Meccali expira... On la devinait sur le point de défaillir. Pour conjurer ce péril, Tarchinini se hâta de lui verser un verre d' « acqua di Firenze » qu'elle vida d'un trait. Ses forces revenues, elle continua :

— J'ai d'abord pensé à un clochard et je l'ai injurié comme il le méritait! Mais, étonnée par son immobilité, je me suis penchée sur lui et... Ah! mon Dieu!... ça me poursuivra jusqu'à la fin de mes jours, je vous jure!... J'ai vu le sang! J'ai hurlé, signor commissaire, vous entendez, j'ai hurlé pendant je ne sais combien de temps et un agent a fini par arriver avec quelques curieux. Il a été très bien, cet agent, quoique, au début, il se soit imaginé que c'était moi qui avais tué ce pauvre homme! Je vous demande un peu! Je l'ai vite rendu au sentiment des convenances et il m'a présenté ses excuses. Je les ai acceptées et puis je suis rentrée chez moi pour me préparer un café bien fort. J'en avais besoin.

— Vous n'avez pas remarqué par hasard, signora, si le pistolet dont le malheureux s'était servi se trouvait encore là ?

— Non, signor commissaire, j'étais trop retournée pour pouvoir faire autre chose que crier.

— Je vous comprends et je crois bien que j'aurais agi de même.

Cyrus A. William sursauta. Entendre un officier de police confier à une femme quelconque son manque de sang-froid le décontertait. Une pareille réflexion aurait immédiatement eu pour conséquence d'expulser Tarchinini de la police de Boston, si, par malheur, il y avait appartenu.

Tarchinini prit congé de la signora Meccali avec force courbettes et compliments auxquels la bonne femme répondit par autant de courbettes et de mots aimables.

On eût dit une espèce de ballet interminable et minutieusement réglé. Leacok ne put supporter longtemps ce
spectacle ridicule. A Boston, un flic, pour prendre congé,
porte un doigt à la visière de sa casquette et grogne quelque chose à travers son chewing-gum, quelque chose que
de mémoire d'homme personne n'a jamais compris, mais
que, par une sorte de consentement mutuel, on tient pour
aimable, afin de gagner du temps. Il empoigna carrément
le commissaire par le bras :

— On s'en va ?

Les deux autres s'arrêtèrent brusquement. Ils n'étaient
pas habitués à ces manières. La Meccali, privée de
son plaisir, faillit s'emporter, mais Tarchinini écarta
l'orage en remarquant une fois de plus, sur un ton
complice :

— E un Americano...

Et Cyrus A. William eut tout de bon envie de lui flanquer son poing sur la figure.

Dans la voiture qui les emportait au ralenti dans les
rues de Vérone, où les piétons ne cédaient le pas qu'en
rechignant, Leacok boudait. Il estimait que son compagnon
s'était dressé contre lui en donnant à entendre à la signora
Meccali qu'il partageait son point de vue quant à la grossièreté supposée de l'Américain. Comme s'il ne s'agissait
pas avant tout d'aller vite! Cyrus A. William regarda sa
montre : onze heures! L'homme — dont ils n'avaient pas
encore vu le cadavre — était mort depuis au moins sept
ou huit heures et l'enquête n'avait pratiquement pas
encore commencé! A Boston, elle serait déjà terminée!
Mais à Boston, les inspecteurs de police ne s'appellent

pas Roméo et ne se croient pas obligés de faire la cour aux concierges sous prétexte que, dans leur jeunesse, elles ont pu ressembler à Juliette!

— Vous savez qu'il est onze heures, commissaire ?

— Vraiment ?

— Vraiment. Vous ne pensez pas qu'il serait temps de commencer l'enquête ?

— Commencer... Mais qu'est-ce que nous avons fait jusqu'à présent ?

— Rien.

— Ce n'est pas mon avis... Nous allons à la morgue, maintenant.

— Enfin !

Leacok fut de nouveau suffoqué en constatant que la morgue de Vérone ne ressemblait pas à une morgue. Ces gens-là ne respectaient décidément rien. L'établissement vous avait un petit air accueillant qui l'éloignait fort de la sinistre sévérité de tous les édifices analogues des pays civilisés. A croire qu'on s'y rendait pour une partie de plaisir! Le gardien qui reçut les deux hommes arborait le sourire du préposé à la réception de quelque grand hôtel et Cyrus A. William doutait que les Véronais prissent quelque chose au sérieux puisque la mort même ne leur semblait pas imposer la gravité. Tarchinini se perdit immédiatement dans des considérations familiales empreintes de la plus évidente bonhomie avec le gardien qu'il appelait par son prénom — Gianfranco — et craignant que tout recommençât comme chez la signora Meccali, l'Américain intervint très vite :

— Un cadavre nous attend, signor commissaire!

— Je ne pense pas qu'il s'impatiente, signore...

Le sourire de Tarchinini eût mérité une paire de claques...

Le gardien offrit à ses visiteurs de leur montrer un échantillon des corps sur lesquels il veillait assez distraitement d'ailleurs et se montra dépité lorsque le commissaire lui déclara qu'ils s'en tiendraient à l'homme qu'on lui avait amené quelques heures plus tôt après l'avoir ramassé sur les berges de l'Adige. Tout en faisant glisser le tiroir contenant la dépouille, Gianfranco marqua nettement son peu d'intérêt pour le nouveau pensionnaire:

— Il s'est suicidé, signor commissaire... A mon avis, ce devait être un détraqué...

Leacok lui demanda les raisons prouvant la démence du mort.

— Vous n'avez donc pas compris, signore? Il s'est supprimé! Se supprimer quand on a la chance d'habiter Vérone! Vous n'allez pas me dire qu'un jeune homme sain d'esprit agirait de cette façon pour remercier le bon Dieu de l'avoir fait naître dans la plus belle ville du monde? Sans compter que le bon Dieu, pour si brave qu'il soit, ça ne doit pas lui plaire, une pareille ingratitude!

Cyrus A. William haussa les épaules. Que pouvait-on répondre à cet imbécile estimant que Vérone s'affirmait la plus belle ville du monde, alors qu'il ne connaissait ni Boston, ni New York?

Le cadavre apparut et Leacok, à première vue, estima que des trois Véronais présents, le mort semblait le plus correct. Rasé presque de frais, tout en lui disait l'homme de mesure et l'Américain le trouva sympathique. Le trou sanguinolent qu'il portait à la tempe ne le défigurait point. Un garçon bien élevé qui s'était tué proprement. Cyrus A. William regrettait que le premier Véronais sympathique rencontré se présentât à l'état de cadavre. Tarchinini lui tapota le bras :

— Signore, pour ne point vous gêner, Gianfranco et moi allons vous laisser vous livrer en toute liberté à votre examen. Nous vous attendrons dans la pièce du devant.

Ils sortirent avant que Leacok ait pu donner son assentiment ou refuser la proposition. Ce commissaire, sous ses airs affables, en prenait vraiment un peu trop à son aise! Cyrus A. William se pencha sur le mort et le découvrit un peu pour jeter un coup d'œil sur le corps replet qui ne portait aucune marque de violence. Une observation attentive des ongles ne révéla aucun débris suspect comme il eût pu s'en trouver s'il y avait eu lutte. Enfin, la blessure nette impeccable, montrait tout ce qu'on était en droit d'espérer apprendre. Dix minutes lui suffirent pour établir son opinion. Il rejoignit Tarchinini :

— C'est fait, signor commissaire. Je crois que nous avons perdu notre temps et qu'on pourra délivrer le permis d'inhumer. Autour du trou d'impact de la balle, il y a des grains de poudre dans la peau qui porte même de très légères traces lesquelles, à mon avis, sont dues au canon du révolver appuyé sur la tempe. Ces marques devraient être plus nettes, mais j'ai l'impression que, soucieux d'en finir le plus discrètement possible, le désespéré a tiré à travers son mouchoir car il m'a semblé apercevoir de très petits morceaux de fil autour de la plaie... A mon avis, l'autopsie est inutile. Mais, naturellement, je serais heureux de connaître votre avis ?

Tarchinini s'inclina et entra dans la salle frigorifique, laissant son compagnon en tête à tête avec Gianfranco. Ce dernier essaya bien d'entamer la conversation, mais il se heurta au mutisme de l'Américain qui en avait assez de tous ces bavardages inutiles. Soudain, Leacok prêta l'oreille, ne comprenant pas tout de suite l'origine du bruit qu'il percevait. Il se tourna vers la porte de la salle frigorifique où le commissaire était enfermé et d'où lui parvenait l'écho d'un chuchotement. Il regarda Gianfranco pour voir s'il surprenait lui aussi ce murmure insolite en un pareil lieu, mais le gardien n'en laissait rien paraître. Cyrus A. William voulut en avoir le cœur net. S'approchant à pas de loup, il entrouvrit la porte et ce qu'il vit, ce qu'il entendit lui fit se demander s'il rêvait. Incliné sur le corps d'Eugenio Rossi, le commissaire Tarchinini lui tapotait la joue en disant :

— Vraiment, Eugenio, tu ne peux pas m'en dire davantage ? Tu dois comprendre pourtant que si c'est toi qui décidas d'en finir avec la vie, je te laisserai à ce repos que tu as cru devoir gagner avant l'heure, mais on t'a tué, hein ? tu veux que je te venge, pas vrai ? Alors, fais un petit effort, mets-moi sur la piste ? Si tu ne m'aides pas, comment espères-tu que j'y arrive ? C'est l'amour, n'est-ce pas ? Tu t'es tué ou on t'a tué pour une question de femme, j'en suis sûr !

Cyrus A. William pénétra dans la salle et s'approcha de Tarchinini, suivi de Gianfranco :

— Alors, signor commissaire, ça vous amuse de faire votre numéro devant un cadavre ? C'est honteux ! Tout simplement honteux !

Ébahi, Gianfranco contemplait Leacok, qui osait

s'adresser sur ce ton au commissaire. Quant à ce dernier, il souriait. Devinant le désarroi du gardien, il dit à mi-voix :

— E un Americano, Gianfranco...

Du coup, Cyrus A. William explosa :

— Oui, je suis un Américain et j'en suis fier quand je vois les mœurs des Européens et plus particulièrement des Latins ! Chez nous, on a le respect des morts, signor commissaire !

— Oui, mais chez nous, on les aime... Je rentre au commissariat. Vous venez ?

Surpris par cette désinvolture, Leacok marqua un temps d'arrêt tandis que Tarchinini s'éloignait. Gian-franco en profita pour lui chuchoter :

— Vous avez tort, signore, de parler de cette façon au commissaire... Il sait communiquer avec les morts, lui ! C'est un don qu'il tient de sa grand-mère, à ce qu'on m'a dit...

Cyrus A. William regretta de ne pas avoir une bou-teille de whisky sous la main ; il en eût bu la moitié pour essayer de reprendre pied dans la réalité.

Au commissariat, Ludovico Tarvoli les attendait. Dès qu'ils furent dans son bureau, il demanda :

— Alors, Tarchinini, ton opinion ?

— Interroge d'abord le signor Leacok, Ludovico...

Le commissaire de San Fermo Minore se tourna vers Cyrus A. William, qui répondit sans ambage :

— A mes yeux, le suicide ne fait aucun doute. Le signor Rossi s'est tué en se tirant une balle dans la tempe à travers son mouchoir.

— Curieuse idée! Et le pistolet? Vous l'avez trouvé?

— Bah! on l'aura volé... Les voleurs ne manquent pas à Vérone, j'imagine?

— Beaucoup de gens y ont faim... Et le mouchoir?

— Il aura suffi qu'un gosse ou qu'un chien...

— Je vois... et toi, Roméo, qu'en penses-tu?

— Moi, je crois qu'il a été assassiné.

Il y eut un court silence, pendant lequel Ludovico Tarvoli regarda Leacok d'un air narquois, mais ce dernier feignit de n'y pas prendre garde, soupçonnant une complicité entre les deux Italiens pour se moquer de lui. Il s'assit plus confortablement sur son siège et remarqua négligemment :

— Je maintiens ma position, mais il est vrai que moi, signor Tarchinini, les cadavres ne me prennent pas pour confident!

Sans paraître le moins du monde étonné, Tarvoli se contenta de dire :

— Ah!... vous savez?

Est-ce que ces deux crève-la-faim s'imaginaient qu'ils allaient pouvoir se payer la tête des États-Unis à travers la personne de Cyrus A. William?

— Je sais, signor Tarvoli, que tout ce à quoi j'assiste ce matin est une honte! Un homme se suicide dans la nuit et à onze heures on en est encore à discuter! Et, pour comble, un fonctionnaire de la cour criminelle de Vérone se livre à une pantomime scandaleuse dans les locaux de la morgue en laissant croire à un dialogue avec le mort! De la sorcellerie! De la sorcellerie digne de ces peuples attardés de la vieille Europe, pourrie, gangrenée jusqu'aux moelles!

— Et en quoi est-ce que ça vous regarde ?

— Comment ? Mais...

— Moi, Tarvoli Ludovico, je vous assure, signor Leacok, que vous me cassez les pieds. Je vous le dis amicalement, bien entendu, mais je tiens à ce que vous vous en persuadiez. Nous menons nos enquêtes comme il nous plaît et ce n'est pas un de ces Américains que nos grands-pères sont allés fabriquer là-bas...

— Vous insultez les States, signore !

— Ne me faites pas rigoler ! Votre jeunesse dont vous êtes si fier, c'est nous qui l'avons créée avec nos émigrants... Vous nous devez tout, signor Leacok, tout parce que vos bon Dieu d'État-Unis n'étaient pas encore nés que nous étions déjà fatigués, nous autres Italiens, d'avoir écrit plus de vingt-cinq siècles d'Histoire et on n'aurait pas le droit de se reposer ? Quand vous en aurez fait autant, vous reviendrez nous voir pour nous donner des conseils.

Cyrus A. William n'était pas un mauvais garçon et il reconnut qu'il avait peut-être été un peu loin.

— Excusez-moi, signor commissaire, mais nous n'aimons pas qu'on se moque de la science... et quand j'entends dire que le signor Tarchinini bavarde avec les cadavres...

— Et pourquoi non ?

— Enfin, voyons ! Toute la science...

— Nous savons des choses que vous ne trouverez jamais dans les laboratoires, pour si perfectionnés qu'ils soient !

Tarchinini se mêla au débat :

— Il est bien évident, signore, que je ne discute pas

avec les disparus à la manière dont vous l'entendez...
Ici, nous avons la manie d'imager un peu nos propos...
nous les embellissons... une très vieille faiblesse... peut-
être parce que nous n'avons jamais été matériellement
très heureux... Quand je vois un mort inconnu devant
moi, j'essaie de l'imaginer vivant... de comprendre ce
qu'il pouvait souhaiter... ce qu'il n'a pas eu ou ce qu'il a
perdu... la raison de sa mort, signore... et c'est presque
toujours une femme... Alors, elle aussi, je tente de me la
représenter... et c'est pourquoi je suis à peu près certain
qu'Eugenio Rossi ne s'est pas suicidé.

— Sur quoi basez-vous votre certitude ?

— L'intuition, d'abord...

— L'intuition !... Rien ne vaut une bonne preuve...
Or, les grains de poudre autour de la plaie prouvent le
suicide... Vous les avez vus, ces grains, je l'espère ?

— Je les ai vus, signor Leacok... mais croyez-vous
normal qu'un homme avant de se suicider aille se faire
raser ?

— Je ne saisis pas ?

— Notre homme avait des traces minimes de savon à
barbe dans les replis de l'oreille gauche, du savon de
coiffeur ; je le connais bien, car j'ai déjà eu à m'occuper
de cette sorte d'indice.

— Il voulait mourir propre ! Je ne vois là rien d'étonnant ?

— Et ce méticuleux va se tuer dans un chantier
abandonné ?

— Il ne pouvait quand même pas mettre fin à ses jours
au milieu de la piazza Erbe ?

— Et chez lui ? Non, signore, je vois mal un homme

décidé à mourir se rendre chez le coiffeur pour se faire raser...

— Alors ?

— Alors, nous allons procéder à l'autopsie.

— A mon avis, c'est du temps perdu !

— Le temps est la seule chose qu'en Italie on peut se permettre de gaspiller. Au fait, Ludovico, que dit le médecin légiste ?

— Il dit que le bonhomme a dû mettre fin à ses jours vers minuit. Lui aussi, il croit au suicide. Mais, cependant, il y a une chose qui l'étonne : le peu de sang répandu...

— As-tu des renseignements sur ce pauvre Eugenio Rossi ?

— Oui, il est représentant des produits Maffei, tu sais, la grande quincaillerie de la via Leoncino ?

— Oui.

— Il voyage pour cette maison... Son secteur, c'est Mantoue, Ferrare, Ravenne, Venise, Padoue et Vicenze. Il devait partir hier soir par le train de vingt-trois heures... On a trouvé son billet dans sa poche et pas mal d'argent.

— Pas de ticket de consigne ?

— Non.

— Bizarre.

— Tu trouves ?

— Il ne partait pas pour Mantoue les mains dans les poches, j'imagine ? Alors, s'il n'a pas mis sa valise en consigne, où est-elle ? Qu'est-ce que vous en pensez, signore Leacok ?

— J'avoue que je n'avais pas songé à cela, mais

j'ignorais que cet homme fût sur le point de partir en voyage.

— Je sais où est la valise!

Incrédules, l'Américain et Tarvoli regardèrent Tarchinini qui prit son temps avant d'annoncer:

— Avec le revolver, chez l'assassin!

— Vous vous cramponnez à votre théorie du meurtre?

— Oui, signore Leacok.

— Comme vous voudrez!

Repris par ses responsabilités, Tarvoli remarqua:

— Je vais demander à la veuve la permission de faire effectuer l'autopsie de son époux.

— Quelle a été sa réaction en apprenant la mort de son mari?

— Elle n'est pas encore prévenue.

— Pas encore!

Suffoqué, l'Américain s'exclama:

— Dois-je comprendre que cette femme, veuve depuis au moins douze heures, n'a pas encore été alertée?

— On a tout le temps d'annoncer le malheur.

— Et qu'elle n'a pas été priée de venir identifier le cadavre?

— A quoi bon! Nous avons trouvé ses papiers pourvus de nombreuses photographies.

— Mais, enfin, le règlement...

— Oh! s'il fallait tenir compte de tous les règlements, on se conduirait la plupart du temps comme des sauvages, pas vrai, Tarchinini?

— Sans doute... Où habite la veuve, Ludovico?

— Via Carducci, au 233.

Le policier se leva:

— Je vais la prévenir et en même temps lui demander son autorisation pour l'autopsie en lui expliquant mes soupçons... Je te téléphonerai.

Peu à peu, Cyrus A. William cessait de s'indigner devant le mépris manifesté par les fonctionnaires de la police pour les règles essentielles de leur métier. Quand il serait de retour à Boston, il se promettait d'amuser la bonne société en rapportant les mœurs des Véronais. On aurait de la peine à le croire et il se pourrait qu'on l'accusât de faire le jeu des isolationnistes en peignant l'Europe sous des couleurs plus sombres qu'elles ne le paraissent.

Au 233 via Carducci, une concierge grognonne parce que arrachée à son repas répondit à l'appel des deux hommes :

— Qu'est-ce que vous voulez à cette heure? Si c'est pas malheureux qu'on puisse pas manger tranquillement! Mais à quel âge, Sacré Cœur de Jésus, on aura droit à son repos?

Leacock nota que la bonne femme avait des traces de sauce tomate aux commissures des lèvres. Ce sont ces petits détails qui donneraient de la véracité aux récits qu'il ferait à Boston, chez les Pearson.

— Il faut nous excuser, signora, de vous déranger, mais nous y sommes obligés... Nous désirerions parler à la signorita Rossi?

— Troisième gauche!

— Mille grâces, signora.

— Mais ce n'est pas la peine de monter les étages, parce qu'elle n'est pas chez elle.

— Ah! Elle se trouve encore à son travail, peut-être?

La concierge fit entendre un ricanement qui ressemblait à un croassement :

— Son travail ? Risque pas qu'elle se fatigue à quoi que ce soit, celle-là ! Ses robes, ses cheveux, ses ongles, voilà son seul souci. Moi, je vous le dis, elle a eu une sacrée chance de se faire épouser par un homme qui gagne bien sa vie et qui peut lui permettre de se tourner les doigts toute la sainte journée pendant que d'autres...

Tarchinini voulut prévenir le flot des récriminations personnelles qui ne tarderaient pas à suivre :

— Vous avez bien raison, signora. La société n'est pas basée sur la justice et ce ne sont pas toujours les plus méritantes qui ont les meilleures places... Mais sauriez-vous, par hasard, où est la signora Rossi ?

— Chaque fois que son mari part en tournée, elle file chez son amie qu'est veuve, la signora Fotis, Lydia Fotis. Elle habite à San Zeno, au 158 de la via Scarsellini.

Les deux policiers, surpris par l'aspect de la femme qui répondait à leur coup de sonnette, ne réagirent pas tout de suite et ce fut elle qui dut leur demander :

— Qu'est-ce que vous voulez ?

— La signora Fotis ?

— Entrez, je vais la prévenir.

Elle les introduisit dans un petit salon encombré de meubles du début du siècle. Tout de suite, Cyrus A. William remarqua, accrochée au mur, une gravure qui le touchait en dépit de son épouvantable facture, car il avait eu la même dans sa chambre d'enfant. On y voyait une femme à l'élégance tapageuse, la taille serrée dans une ceinture aux ors agressifs, à qui des passants tour-

naient le dos avec des mines de dégoût, tandis que dans
l'autre coin de la gravure une jeune veuve, pauvrement
vêtue, tenant un bambin par la main, recevait des
marques d'estime de ceux qui la croisaient. Intrigué,
Tarchinini arracha son compagnon à cette contempla-
tion :

— Vous paraissez fasciné, signore ?

L'Américain montra la gravure :

— J'avais la même chez moi, autrefois...

Ils se retournèrent d'un même mouvement en entendant une voix agréable interroger :

— Que puis-je pour vous, signori ?

— La signora Fotis ?

Elle inclina la tête. Grande, mince, vêtue très sobre-
ment, coiffée à bandeaux, Lydia Fotis respirait la décence
et ses yeux au doux regard de myope indiquaient une
inépuisable bonté. Tarchinini la salua profondément et
Leacock, pour une fois, ne songea pas à se moquer.

— Nous souhaiterions parler à votre amie, la signora
Rossi.

Elle marqua un mouvement de gêne qui n'échappa
point aux policier.

— Mon amie n'est pas là.

— Tiens ? On nous a dit, chez elle, que chaque fois
que son mari s'absentait, elle s'installait chez vous pour
ne pas rester seule.

La signora Fotis semblait nettement ennuyée

— Qui êtes-vous, signori ?

— Nous appartenons à la police, signora.

— A la police ? Mica a-t-elle commis quelque sottise ?

— Je pense que vous parlez de la signora Rossi ? Non,

rassurez-vous... Nous devons simplement la mettre au courant et le plus vite possible d'un.. enfin, disons d'un accident survenu à son mari.

— Mon Dieu!... Est-il blessé?... gravement?

— Très gravement, signora, c'est pourquoi...

— Mica n'est pas une mauvaise fille, mais elle a toujours été terriblement gâtée...

Doucement, Tarchinini demanda :

— Et si vous nous confiiez où elle se trouve en ce moment?

— Je... je ne sais pas.

— Voyons, signora! Elle est bien venue ici, hier soir, comme d'habitude?

— Oui, mais...

— Mais?

On la vit faire un violent effort sur elle-même tandis qu'elle rougissait :

— Elle n'a pas couché là...

— Il vaudrait mieux nous dire où elle a passé la nuit?

— Je l'ignore...

Dans cette révélation, l'Américain voyait l'affirmation de sa thèse. Mica Rossi avait un amant et son mari, ne pouvant supporter ce partage, s'était tué. Qu'est-ce que Tarchinini cherchait encore? Sans doute, cramponné à sa thèse du crime, ergotait-il dans l'espoir de relancer son idée absurde!

— Dois-je comprendre, signora, que votre amie n'était pas très fidèle à son mari?

— Elle avait fait un mariage de raison... avec un homme pas beau, certes, mais ayant une bonne situation...

— Rentrera-t-elle ici ou chez elle?

— Je pense qu'elle passera chez moi.

— Veuillez la prévenir, dès que vous la verrez, qu'elle se rende tout de suite à la Police criminelle, où on l'attend.

— Police criminelle?...

— Le mari de votre amie est mort, signora. Il semble s'être suicidé. Nous avons besoin de l'autorisation de sa veuve pour pratiquer l'autopsie.

— Ce n'est pas vrai!

— Qu'est-ce qui n'est pas vrai?

— Rossi n'a pas pu se suicider!

— Vous le connaissiez bien?

— Je ne le connaissais pas...

— Vous ne l'avez jamais vu?

— Jamais... Je sais, cela peut paraître étrange, mais Mica ne tenait pas à me le faire connaître et, de mon côté, il m'aurait été pénible de pénétrer dans l'intimité d'un homme que... que j'aidais à duper... en quelque sorte. Mais Mica m'a souvent dit que son époux était un catholique fervent et c'est pour cela que je ne crois pas à son suicide. Il n'aurait pas commis un pareil péché!

— Sait-on jamais ce que les autres sont capables de faire, signora?

CHAPITRE III

Roméo Tarchinini essuya soigneusement ses moustaches, son menton, but une large rasade de chianti et, après avoir procédé à de nouveaux soins de toilettes, demanda gaiement :

— Alors, signor Leacok, que pensez-vous de ces « scaloppine alla fiorentina » [1]?

Et Cyrus A. William s'aperçut que non seulement il avait mangé deux escalopes, mais encore qu'il avait sérieusement aidé son compagnon à vider le flacon de chianti posé entre eux. L'Américain — depuis qu'ils étaient sortis de chez la charmante veuve Fotis — se sentait la proie de mystérieuses alchimies se déroulant au plus profond de lui-même et sur la nature desquelles il commençait à s'interroger avec angoisse. Ne reconnaissant même pas sa propre voix, il s'entendit cependant répondre :

1. Escalopes aux épinards et à la béchamel.

— Fameux... mais je boirais bien encore quelque chose, car j'ai rudement soif!

Cet aveu parut transporter de joie le commissaire qui, aussitôt, appela le garçon pour lui commander une bouteille de Malvasia di Lipari [1] accompagnée de quelques macarons. Ce vin puissant fit monter le sang à la tête de Leacok tandis que le souvenir de l'austère Boston s'estompait dans le brouillard qui montait des reflets dorés du Malvasia. Voulant lutter contre la somnolence qui lui embrumait le regard, Cyrus A. William s'obligea à revenir au problème qui l'intéressait :

— Signor commissaire, vous êtes vraiment persuadé de l'assassinat d'Eugenio Rossi?

— Oui.

— Et vous refusez le suicide?

— Oui.

— Pourquoi?

— Il n'avait pas une tête à se suicider.

— Parce que vous estimez que ceux qui veulent mourir ont une tête à part?

— Si, signore. Vous, par exemple.

Cyrus A. William sursauta :

— Moi? En voilà une idée!

— Vous êtes triste, signore, et seuls les gens tristes mettent fin à leurs jours.

L'Américain rit de telle façon que les derniers clients du restaurant se retournèrent d'un seul élan, persuadés qu'un cheval venait d'entrer dans l'établissement.

— Mais je ne suis pas triste! Simplement, je considère la vie sous un jour sérieux.

1. Vin de Sicile pesant 15°.

— Et ça vous amène à quoi?

— Mais... mais... et puis, vous m'embêtez, Tarchinini!

— Je vous embête parce que je vous force à regarder la vérité! Triste, vous êtes triste, amico mio, et vous le serez jusqu'à la fin de votre existence, à moins que...

— A moins que?

— A moins que vous ne rencontriez l'amour!

— Mais je l'ai rencontré!

Et Leacok brossa un portrait flatté de Valérie Pearson. Il y mit toute la chaleur dont il était capable, mais ne parut pas convaincre son compagnon.

— Vous n'avez pas l'air de me croire?

— Oh! si... si... signore, mais si c'est cela ce que vous appelez l'amour en Amérique, plus rien ne m'étonne...

Tarchinini se jeta alors dans la description enthousiaste de ce que les Italiens appellent l'amour. A l'écouter, Cyrus A. William dut reconnaître que si son ami avait raison, si l'amour était bien cette extraordinaire fureur, alors il n'aimait pas Valérie qui, d'ailleurs, ne l'aimait pas non plus. Cette constatation l'emplit d'une mélancolie telle qu'il réclama une autre bouteille de Malvasia di Lipari pour noyer dans l'œuf le chagrin qu'il sentait monter en lui. Tarchinini ne l'en estimait que davantage et abrégea son plaidoyer car lui aussi éprouvait une soif inextinguible.

— Je vous l'ai dit et répété, signore Leacok, on ne peut pas comprendre l'Italie et les Italiens si l'on n'accepte pas, d'emblée, la priorité absolue de l'amour. Vérone vit sous la tutélaire protection de Roméo et Giulietta, qui moururent d'amour. Ne l'oubliez jamais! Les Véronais, eux, ne l'oublient pas. La preuve : Eugenio Rossi...

— ... Qui s'est suicidé à cause de l'amour!

— ... Qu'on a tué à cause de l'amour!

Ils se défièrent du regard, puis trinquèrent et tombèrent d'accord sur le seul fait incontestable : à savoir que Rossi était mort!

En sortant du restaurant dans cet après-midi de printemps, les deux policiers eurent un moment l'impression que les pavés de la rue roulaient sous leurs pas, ce qui expliquait leur démarche quelque peu cahotante. Discrètement cramponnés l'un à l'autre, ils gagnèrent le bord de l'Adige tout proche et, s'accoudant au parapet, ils laissèrent la grande haleine fraîche du fleuve leur caresser le visage et leur éclaircir les idées. En dépit de tout ce qu'il avait absorbé, Cyrus A. William s'étonnait de ne pas souffrir de l'estomac. Il ignorait encore que le sortilège de Vérone commençait à agir sur lui. Il tapa sur l'épaule de Tarchinini :

— Elle doit nous attendre?

— Qui ça?

— La veuve.

Le commissaire secoua la tête :

— Je n'aime pas les veuves...

— Ah!

— Elles me font penser à ma propre mort et ce m'est, signore, une perspective fort désagréable.

— Vous avez peur de la mort?

— Je ne sais pas, mais nous autres, gens de la Vénétie, une longue expérience nous a appris à ne jamais lâcher la proie pour l'ombre. Alors, le Paradis, d'accord, ce doit être bien joli, bien agréable, mais, cependant, si le bon Dieu me demandait mon avis, je lui dirais de disposer de ma place à ses côtés et de me laisser à Vérone...

— Parce que vous estimez que votre place future est forcément au paradis?

— Et où voulez-vous qu'elle soit, signore?

L'esprit dégagé par cette incursion céleste, ils prirent le chemin de la Police criminelle avec plus d'assurance. Sans y prendre garde, avec une familiarité dont il ne se serait pas cru capable, Leacok glissa son bras sous celui de l'Italien.

— En Amérique, nous avons de plus en plus de veuves...

— C'est ce qu'on m'a appris, signore. Je vous plains. Vous me permettrez de remarquer que l'existence ne doit pas y être tellement agréable là-bas puisque vos compatriotes s'y laissent mourir si facilement?

— Nous travaillons beaucoup...

— C'est ce que je disais.

Le planton chargé de s'occuper des visiteurs de Tarchinini leur apprit que personne encore ne s'était présenté au bureau de commissaire. Cyrus A. William demanda s'il ne serait pas bon de lancer un mandat d'amener contre la jeune veuve introuvable ou, tout ou moins, de la faire rechercher par la police en communiquant son signalement à tous les agents. Il précisa qu'à Boston, ce serait l'affaire de quelques heures pour lui mettre la main dessus. Roméo s'indigna :

— Et sa réputation, vous y songez?

— Entre nous, elle n'a pas l'air de tellement s'en soucier?

— Parce qu'elle a découché? Oh! vous savez, à Vérone, nous sommes moins sévères qu'à Boston sur ce chapitre.

— Permettez-moi de le regretter!

— Je vous le permets bien volontiers, signore, d'autant plus que cela ne démontre pas qu'il y ait plus de maris trompés chez nous que chez vous.

Ils s'installèrent dans leurs fauteuils respectifs, leurs propos devinrent peu à peu plus rares, leurs réponses moins promptes et, tout doucement, ils glissèrent dans une somnolence qui ne tarda pas à se changer en une sieste réparatrice que le personnel habitué se garda bien de venir troubler intempestivement.

Vers cinq heures trente, le coup frappé à la porte fit sursauter Leacok qui eut beaucoup de mal à reprendre ses esprits. A la vérité, il ne se rendait pas bien compte de l'endroit où il se trouvait. La vue de Tarchinini dormant la bouche ouverte le rendit à lui-même. Il consulta sa montre et, horrifié, constata qu'il avait dormi plus de deux heures! Jamais encore une pareille aventure ne lui était arrivée. Si son futur beau-père l'avait vu, il aurait été capable de rompre les fiançailles de sa fille avec un garçon qui montrait assez peu d'énergie pour s'enliser dans une sieste déshonorante! Malgré la honte qu'il s'efforçait de ressentir, Cyrus A. William ne regrettait pas ce repos inhabituel car il se sentait parfaitement à son aise. Cependant, il s'inquiéta en songeant qu'en moins de deux jours il avait adopté de pareilles habitudes! Il se jura de se surveiller. On frappa de nouveau à la porte et il alla secouer le commissaire qui ouvrit un œil embrumé.

— Hein? Quoi? Qu'est-ce que c'est?

— Réveillez-vous, Tarchinini, vous avez de la visite!

En deux secondes, le petit policier échappa aux mollesses du farniente et comme on frappait pour la troisième fois, il cria d'entrer avec une voix de stentor. Un planton annonça qu'une signora Rossi demandait à voir le commissaire. La veuve d'Eugenio pénétra dans le bureau avec la grâce légère d'une poupée. Entre Tarchinini et Leacok, elle paraissait d'une fragilité extrême que l'inquiétude de son regard rendait plus attendrissante encore.

— Il signor commissario Tarchinini?

Roméo s'inclina et, de la façon la plus galante du monde, installa la tendre veuve dans le fauteuil que Leacok avait abandonné.

— Remettez-vous, signora Rossi...

— La signora Fotis m'a appris que vous me convoquiez.

— Nous vous attendions beaucoup plus tôt.

— Je sais, mais j'ai été retardée... Je vous prie de m'excuser...

— Que ne pardonnerait-on pas à une jolie femme, signora?

Cyrus A. William se demanda si Roméo allait faire la cour à Mica Rossi où s'il se déciderait à lui poser des questions sur ses pérégrinations nocturnes. Mais le commissaire l'interpella :

— Signore, si vous voulez bien interroger la signora, je serais heureux de vous céder la place pour me rendre compte comment vous vous y prenez à Boston?

Bien que flairant un piège dont il ne soupçonnait pas la nature, Leacok releva le défi, histoire de montrer à ce Véronais goguenard la manière dont on traitait les suspects et la vitesse avec laquelle on aboutissait aux résultats recherchés. Il s'approcha du fauteuil de Mica et, se penchant vers elle :

— Quand avez-vous vu votre mari pour la dernière fois ?

— Mon mari ? Mais... hier soir après dîner, lorsqu'il est parti pour la station de Porta Nuova prendre son train... Pourquoi me... ?

— C'est moi qui pose les questions, signora !

— Mais, signore, il me semble que...

— Quand avez-vous vu votre amie, la signora Fotis ?

— Tout à l'heure.

— D'où venez-vous ?

— De chez moi.

— Vous mentez! Vous avez quitté votre domicile hier soir après le départ de votre mari. Vous êtes passée chez la signora Fotis et vous êtes partie... Où ?

— Cela ne vous regarde pas !

— Pourquoi êtes-vous ici ?

— Je ne sais pas... J'ai téléphoné à Lydia et c'est elle qui m'a appris que vous vouliez me voir...

— Elle ne vous a rien dit d'autre ?

— Non... Simplement qu'on voulait m'interroger au sujet d'Eugenio... Il a eu un accident ?

— Votre mari savait que vous le trompiez ?

— Quoi ?... Mais, signore...

Elle tourna vers Tarchinini un regard désespéré comme pour l'appeler à l'aide, mais l'Italien ne bougea pas. Cyrus A. William, sans se laisser attendrir, insista :

— Répondez, signora !

— Mais... mais vous n'avez pas le droit de...

— Oui ou non, votre époux se doutait-il que vous le trompiez ?

— Je... je ne sais pas...

— Vous mentez!

— Je vous jure que...

— Vous mentez! Et vos mensonges ne peuvent que vous rendre plus suspecte!

— Suspecte de quoi?

— Je vous ai déjà dit, signora, que c'était moi qui posais les questions! Où avez-vous passé la nuit?

Tarchinini crut bon de donner un conseil à la jeune femme:

— Vous feriez mieux de dire la vérité, signora. Nous nous sommes rendus chez votre amie et elle a été obligée d'avouer qu'elle ne vous avait pas vue depuis hier soir.

Elle hésita, tordant son mouchoir entre ses doigts. L'Américain la devina à sa merci.

— Où avez-vous passé la nuit?

— Chez mon... mon ami.

— Qui s'appelle?

— Est-ce bien... bien nécessaire?

— Qui s'appelle?

— Lanzolini... Orlando Lanzolini...

Leacok se redressa et, clignant de l'œil en direction de Tarchinini:

— Au moins un qui ne se prénomme pas Roméo!

Exaspérée, morte d'angoisse, Mica ne contrôlant plus ses nerfs se mit à crier à l'adresse de Leacok:

— Et maintenant, allez-vous m'expliquer...?

— Je vous dirai ce qui me plaira et quand il me plaira! En attendant, répondez à la question que je vous ai posée il y a un moment déjà et que vous paraissez avoir oubliée: Eugénio Rossi savait-il que vous le trompiez?

— Je crois qu'il... qu'il s'en doutait...

— Je pense, moi, signora, qu'il en avait la conviction.

— Et pourquoi ?

— Parce qu'il en est mort !

Elle parut d'abord ne pas avoir compris, puis le sens de la réflexion de Leacok sembla cheminer dans son esprit et elle répéta d'une voix incrédule :

— Il est mort ?... Eugenio est mort ?

— Il s'est suicidé cette nuit, sans doute après vous avoir vue vous rendre chez ce Lanzolini. Vous êtes une meurtrière, signora !

— Non ! Non ! Non !

— Si ! Vous avez tué votre mari aussi sûrement que si vous lui aviez appuyé le canon de son revolver contre la tempe !

— Non ! Non ! Non !

— Une meurtrière ! Vous entendez ? Une meurtrière ! Je regrette que la loi soit désarmée contre vous ! Mais, au-dessus de la loi des hommes, il y a la loi de Dieu ! Vous paierez pendant l'éternité la dette que vous n'aurez pas réglée sur cette terre !

Cyrus A. William était sincère et fort content de lui. Tous les prédicateurs entendus au cours de son existence semblaient tonner par sa voix contre la femme infidèle. Ces Italiens dépravés auraient entendu, au moins une fois, quelqu'un les placer en face de leurs responsabilités ! Et, pourtant, il parut à Leacok que Tarchinini souriait ! Il ne s'en indigna pas, s'attendant à tout de la part de ce païen. Quant à la signora Rossi placée devant les responsabilités imprévues, elle prit le parti de s'évanouir en poussant un petit cri d'oiseau qui déconcerta Cyrus A.

William mieux que ne l'eût fait n'importe quelle manifestation de fureur. Ne sachant plus bien quelle attitude adopter, l'Américain appela Tarchinini au secours. Ce dernier s'approcha, contempla la jeune femme au visage de cire et conclut :

— Vous avez de drôles de méthodes à Boston.

Puis il ajouta, très détendu et sincère :

— Elle est vraiment mignonne, hein ?...

Cyrus A. William, qui pensait à tout sauf à la plastique de celle qu'il accusait avec tant de véhémence, reconnut qu'en effet, Mica se révélait charmante, mais que la question n'était pas là ; ce à quoi Tarchinini lui rétorqua qu'aucun problème, pour si important qu'il fût, ne pouvait empêcher un homme normalement constitué d'apprécier la beauté féminine et il ajouta sans avoir l'air d'insister outre mesure :

— Et maintenant, il faut que je répare vos gaffes, signore.

Leacok bondit :

— Comment ça, mes gaffes ?

— Dame, vous l'avez effrayée au point qu'elle s'est évanouie et nous ne sommes pas plus avancés maintenant qu'avant sa visite !

Sans attendre de réponse, le commissaire s'en fut chercher un flacon de « grappa » qu'il gardait dans son armoire parmi les dossiers pour parer à des défaillances toujours possibles, des accusateurs ou des accusés. Sous la brûlure de l'alcool, Mica ouvrit les yeux, reconnut tout de suite l'Américain et, apeurée, se jeta contre la poitrine de Tarchinini agenouillé à son côté et qui, tendrement, paternellement lui passait la main sur le front pour la rassurer. Leacok s'assit dans le fauteuil du commissaire, tentant de fixer son opinion en vue de savoir s'il assistait à un interrogatoire ou à une scène de charme.

Si la voix roucoulante de Tarchinini crispait ses nerfs, elle semblait produire un effet bienfaisant sur la signora Rossi qui déjà souriait en levant sur son compatriote des yeux confiants.

— Moi, je sais bien, signora, que vous ne vouliez pas la mort de votre mari...

— Oh! non!... Pauvre Eugenio!

— Pauvre Eugenio... qui n'avait pas compris qu'on ne doit pas épouser une femme qui ne vous aime pas!... Il était gentil, Eugenio?

— Oh! oui... signore commissaire... très gentil... et je l'aimais bien...

— Seulement, lui, il aurait préféré que vous l'aimiez tout court, comme vous aimez Orlando... mais ce n'était pas possible.

— Non, ce n'était pas possible...

Dans son fauteuil, Cyrus A. William sentait monter en lui une envie folle de casser quelque chose, n'importe quoi, mais de casser, de briser, de piétiner, de déchirer!

— Et si vous me parliez du cher Orlando?

Mica Rossi faillit de nouveau se pâmer.

— Ah! Orlando...

Leacok, lui, faillit, se lever pour s'en aller, écœuré, mais il resta, indigné et intéressé tout à la fois.

— Il y a longtemps que vous le connaissez?

— Un mois.

— Qu'est-ce qu'il fait dans la vie quand il n'est pas occupé à vous parler de sa tendresse?

— Coiffeur pour dames.

— Tiens, tiens !

— C'est le meilleur coiffeur de Vérone.

— Je n'en doute pas, signora, je n'en doute pas. Où exerce-t-il ?

— Chez di Martino, dans la via Stella.

— Et comment l'avez-vous rencontré ?

— J'étais sa cliente.

— Je vois... Il vous a pris le cœur en même temps que la tête ?...

— Oui.

Dégoûté, l'Américain n'arrivait pas à juger quel était le plus stupide des deux : l'inconsciente, l'idiote Mica ou le grotesque Roméo que la vue d'un jupon transformait en vieillard libidineux. Si Leacok resta jusqu'à la fin de l'interrogatoire, c'est qu'il désirait pouvoir raconter la scène au mieux à Boston et, le cas échéant, aller à Washington dire au président ce qu'il pensait des Italiens et combien il s'avérait vain de faire confiance à un peuple qui ne songeait qu'à l'amour

— Mais Eugenio s'est douté de son infortune ?

— Je le pense...

— Il vous a donné à entendre qu'il était au courant ?

— Pas exactement, mais il avait dû deviner la profession de mon... de mon ami...

— Vraiment ?

— Depuis une quinzaine, Eugenio rentrait assez tard tous les soirs et toujours rasé de frais...

— Rasé de frais, le soir ? C'est curieux, non ?

— Si. Moi aussi, cela m'a surprise et je lui ai demandé des explications... Alors, il m'a raconté qu'il avait

découvert un magasin de coiffure fort sympathique...
qu'il aimait à y passer un moment pour y bavarder...
qu'il préférait cette ambiance à celle du café... Mais, moi,
je crois que...

Elle s'arrêta brusquement, comme si elle s'en voulait
d'en avoir trop dit. Mais Tarchinini l'obligea à continuer
sur la voie des confidences :

— Vous croyez que... ?

— ... Que j'avais trop parlé d'Orlando, sans le nommer,
bien sûr, mais je m'en rends compte à présent... Je me
suis montrée trop bavarde...

— Et il allait chez votre coiffeur pour tenter d'apercevoir Orlando... voir à quoi ressemblait l'homme qui
lui avait pris sa femme ?

Confuse, elle baissa la tête :

— Peut-être...

— Orlando a dû vous renseigner... car il connaît votre
mari ?

— C'est là que je ne comprends plus, car Orlando
connaissait, en effet, Eugenio par les photos que j'ai
de lui et, pourtant, il affirme qu'il ne l'a jamais rencontré !

— Vous en êtes certaine ?

— Il me l'a juré !

Il était clair que cela lui paraissait une preuve suffi-
sante.

— Alors, comment expliquez-vous les visites quotidiennes de votre époux chez le coiffeur ?

— Je ne les explique pas...

— Et sa mort ?

— Sa mort non plus, je ne la comprends pas. Il se
montrait tellement douillet que je ne parviens pas à

l'imaginer mettant fin à ses jours! Il aimait beaucoup la vie... Comment a-t-il... a-t-il fait?

— D'un coup de revolver!

— Vous êtes sûr?

— Tout ce qu'il y a de plus sûr!

— Mais où l'aurait-il pris? Jamais il ne portait de revolver sur lui.

— Impossible de vous répondre, signora, car l'arme a disparu, probablement volée par un clochard qui l'a déjà revendue... Eh bien! signora Rossi, je pense que nous n'avons plus rien à nous dire. Je vous présente mes condoléances... Ah! à propos, où habite votre Orlando?

— 57, via San Francesco. Pourquoi?

— C'est là que vous avez passé la nuit?

— Oui.

— Nous vérifierons, pour le principe, n'est-ce pas...

— On ne va pas ennuyer Orlando, au moins?

— Pourquoi l'ennuierait-on? Je vous conseille même de ne pas lui parler de votre visite ici... Cela pourrait inutilement l'inquiéter et il risquerait de vous en garder rancune... Apprenez-lui simplement le suicide de votre mari...

— Vous êtes très bon, signore...

— Oh! je connais la vie... Seulement, il faut que je fasse examiner le corps de votre époux par des spécialistes. Vous n'y voyez pas d'inconvénient?

— Si vous estimez qu'il le faut...

— Il le faut, signora. Dès que ce sera terminé, vous pourrez le faire enlever de la morgue. Je vous avertirai... Mes hommages signora.

Tarchinini reconduisit cérémonieusement Mica Rossi

jusqu'au seuil de son bureau et, lui baisant la main, crut de son devoir de lui souhaiter bonne chance. A peine eut-il refermé la porte que Leacok explosa :

— Il fallait la féliciter pendant que vous y étiez! Pourquoi ne la proposeriez-vous pas pour un prix de vertu?

Le commissaire s'assit sans répondre et lorsqu'il eut allumé un cigare, s'enquit aimablement :

— A vous entendre, signore, je me doute qu'à Boston aucune femme ne trompe son mari?

— Il y a sûrement des épouses adultères, mais nous préférons ne pas y prêter attention et, en tout cas, nous ne les couvrons pas de fleurs comme vous venez de le faire de façon aussi scandaleuse!

— En Italie, je vous l'ai déjà dit, nous sommes beaucoup moins sévères pour ces faiblesses qui relèvent de l'amour.

— Même quand elles conduisent au suicide. Se tuer à la suite d'un chagrin d'amour n'est pas considéré comme un crime, mais presque comme un geste d'une belle élégance. On reste dans la tradition, vous saisissez ?

— Non, je ne saisis pas! Ce sont des mœurs de sauvages! De débauchés!

— Calmez-vous, signore, car si nous pardonnons le suicide, nous n'admettons pas le crime et fiez-vous à moi, je vous promets qu'Eugenio Rossi sera vengé.

Cyrus A. William regarda son interlocuteur comme s'il était subitement devenu fou :

— Vengé? Vengé de qui? De quoi?

— De son meurtrier, tiens!

— Ah!... Parce qu'en dépit de la visite de l'adorable

veuve vous persistez dans votre théorie de l'assassinat ?

— Je dirai même, signore, qu'elle m'a renforcé dans mon opinion.

— Le malheur avec vous autres, Italiens, c'est qu'on ne sait jamais si vous êtes sérieux ou si vous plaisantez !

Tarchinini s'enfonça plus profondément dans son fauteuil :

— Une très vieille expérience, signore, nous empêche de prendre la vie trop au sérieux comme vous le faites. Vous, vous croyez dans les machines ; nous, nous croyons dans l'homme. Vous vous figurez qu'on peut élucider un crime à l'aide de la chimie et de la physique ; nous ne le pensons pas. Pour vous, le meurtre est un accident comme un autre ; pour nous, c'est avant tout une aventure humaine. Vous entendez le résoudre par la technique, nous par la compréhension et, tout compte fait, signore, je suis convaincu que c'est vous qui êtes les barbares, car la barbarie, c'est aussi bien l'absence totale d'outils que la prééminence de l'outil !

— Elle est forte, celle-là ! Vous estimez que les Américains du Nord sont des sauvages, si je vous suis bien ?

— Exactement, signore. Pour moi, vous avez bouclé le cycle de l'humanité. Venus de la barberie de l'âge de pierre, vous êtes retournés à la barbarie de l'âge des robots. Seulement, il faut vous rendre justice : vous êtes en avance sur tout le monde dans cette marche vers la nuit définitive !

— Je veux croire qu'il s'agit d'une plaisanterie, signore commissaire ?

— Non, signore. Vous avez la richesse, nous avons

l'esprit, ce qui démontre que Dieu est juste. Seulement, la richesse paralyse l'entendement.

— Que vous dites!

— Et je le prouve. Je ne serais pas là, vous concluriez au suicide d'Eugenio Rossi et le meurtrier s'en tirerait.

Il n'y avait pas de doute que Roméo Tarchinini prenait un malin plaisir à énerver le Bostonien. Sans tenir compte de l'impatience de ce dernier, il continuait, aimable, très détendu :

— Signore, vous représentez, paraît-il, ce qu'il y a de mieux aux États-Unis, dans le domaine de l'investigation criminelle et voilà qu'à la première histoire sur laquelle vous vous penchez ici, vous commettez une totale erreur, tout en blâmant notre lenteur et nos méthodes surannées. Admettez, signore, que c'est amusant et assez réconfortant pour les policiers de mon pays, non ?

Sans répliquer. Leacok quitta son siège, prit son chapeau, le plaça sur sa tête et, mettant la main sur la poignée de la porte, il adressa un bref discours à son hôte :

— Roméo Tarchinini, il faudrait vous persuader une fois pour toutes que mes parents ne m'ont pas mis au monde dans les conditions d'hygiène les plus parfaites, que l'on a veillé sur ma jeunesse au point de me faire échapper à toutes les maladies de l'enfance, que j'ai achevé des études brillantes à Harvard pour servir un jour de tête de turc à un petit policier véronais suffisant et incapable!

Tarchinini se leva à son tour et s'approcha de Cyrus A. William.

— Moi, signore, j'ai été élevé dans un taudis à sept dans une pièce, j'ai eu toutes les maladies qu'un gosse peut attraper. J'ai vu mourir la plupart de mes frères et sœurs et ma mère était vieille à quarante ans. J'ai poursuivi de très médiocres études parce qu'il me fallait travailler pour les payer et aider à vivre ce qui restait des miens, et c'est pourquoi je n'admets pas qu'un fils à papa, qui n'a eu que la peine de venir au monde, qui est trop vaniteux, trop égoïste pour comprendre quoi que ce soit à la vraie peine des hommes, ose se permettre de me donner des leçons!

Ils se regardaient les yeux dans les yeux, prêts à en venir aux mains, puis le miracle véronais agit. Un sourire timide effleura les lèvres de l'Américain tandis que la bonne figure de Roméo reprenait son aspect habituel. A Boston, Leacok eut mené un bruit de tous les diables en haut lieu pour exiger des excuses, mais il faut croire que Cyrus A. William n'était plus le même et que l'atmosphère italienne avait commencé à son insu un lent travail de sape. Il tendit la main à son antagoniste:

— Pardonnez-moi... Je me suis conduit comme une brute... Comme un Américain, quoi!

— N'exagérons pas... il y en a quand même des bons...

— Ah! vous me soulagez! Lesquels?

— Ceux qui viennent de chez nous!

Ils éclatèrent de rire et Cyrus A. William, passant son bras sur les épaules de son ami Tarchinini:

— Si vous m'expliquiez pourquoi, à votre avis, Eugenio Rossi a été tué?

Alors que le commissaire allait se lancer dans les explications demandées, un planton entra, se mit à un garde-à-vous très approximatif et tendit une enveloppe à Tarchinini:

— De la part du médecin légiste, signore commissario !

L'agent reparti, Roméo prit connaissance du rapport. Presque tout de suite, il émit un sifflement d'intérêt et, relevant les yeux :

— Signore Leacok, savez-vous ce qu'étaient ces bouts de fil mêlés à la plaie que le pauvre Rossi portait à la tempe ? Trop grossiers pour venir d'un mouchoir, le laboratoire auquel le médecin les a confiés déclare qu'ils appartiennent à un tissu analogue à celui dont on fait les serviettes de toilette.

— Ah !

Légèrement dépité, Cyrus A. William ne trouva pas autre chose à répliquer. Tarchinini s'approcha de lui :

— Voyez-vous, ce qui m'a tout de suite frappé, c'est le fait que ce mort soit rasé de frais, et rasé par un professionnel... On ne va pas se faire raser quand on est sur le moment de se tuer !

— Mais sa femme nous a expliqué...

— Justement ! Je trouve qu'il y a beaucoup trop de coiffeurs dans cette affaire... Rossi allait tous les soirs chez un coiffeur, l'amant de sa femme est un coiffeur...

— Et donc le meurtrier est un coiffeur ?

— Ou le meurtre a été commis chez un coiffeur.

— Mais, enfin, Tarchinini, les grains de poudre autour de la plaie démontrent qu'il s'est tué ! Jamais il n'aurait laissé un assassssin lui appuyer le canon d'un revolver sur la tempe sans bouger !

— A moins qu'il n'ait pu bouger ?

— Que voulez-vous dire ?

— Imaginez Rossi assis dans son fauteuil. Il a son peignoir qui l'emprisonne. Le coiffeur est derrière lui...

— Il le voit dans la glace!

— Pas s'il lit le journal!... Donc, le coiffeur a tout le loisir de lui coller le canon d'un revolver sur la tempe et de tirer avant que l'autre ait compris de quoi il retournait, surtout si le meurtrier a pris soin d'enfouir l'arme dans une serviette...

Leacok réfléchit quelques instants et parce qu'il était honnête envers lui-même comme envers les autres, il déclara :

— Je vous fais mes excuses, Tarchinini, et je vous remercie de la leçon. Alors, c'est Orlando Lanzolini qui a fait le coup?

— Ça, c'est autre chose...

— Mais, voyons, c'est limpide! De l'aveu même de sa femme, Rossi se doutait qu'elle le trompait avec un coiffeur. Il se rendait chaque soir au magasin dans l'espoir de les surprendre tous les deux, peut-être aussi pour observer son rival et tenter de savoir ce que sa Mica lui trouvait. L'autre a eu peur de cette surveillance constante et il l'a tué pour s'en débarrasser et épouser la veuve. Tout cela me paraît évident!

— Bien sûr, mais à condition que vous m'expliquiez pour quelles raisons la signora Rossi n'est pas davantage au courant des faits et gestes de son mari que Lanzolini aurait vu tous les jours?

— Alors, d'après vous, Orlando n'est pas coupable?

— Doucement, amico! Je dis que pour l'instant sa culpabilité ne m'apparaît pas certaine.

— Qu'attendez-vous pour l'interroger?

— Il est bientôt dix-neuf heures. J'ai l'habitude, tous les soirs que le bon Dieu me donne, de boire mon vermouth à l'*Academia*, via Mazzini, à dix-neuf heures, et je ne vois pas vraiment pourquoi je changerais des habitudes auxquelles je tiens, sous prétexte qu'un bourgeois de Vérone s'est fait assassiner?

— Il me semble que votre devoir...

— Cher Leacok, il faut toujours que vous vous transformiez en professeur de morale, hein? Mon devoir consiste à découvrir l'assassin de Rossi. Je le découvrirai, comptez sur moi ; le reste n'a aucune importance.

— Mais si Lanzolini prévenu par la veuve se sauve?

— Vous n'avez encore rien compris! A Boston, il se peut qu'Orlando, coupable, se sauve ; pas ici. Il n'abandonnerait pas sa Mica. Au surplus, je vous rappelle que j'ai donné à entendre que son mari s'était suicidé. Pourquoi, dans ces conditions, Lanzolini prendrait-il la fuite, sinon pour attirer l'attention sur lui? Rassurez-vous, je vais boire mon vermouth en toute quiétude. De plus, Giulietta, ma femme, prépare pour ce soir des spaghetti « alle vongole » [1] comme elle seule sait les faire et que ce plat ne souffre aucune entorse tant dans sa cuisson que dans le temps propice à sa dégustation. Je préfère de beaucoup laisser Lanzolini en repos que de mettre Giulietta de mauvaise humeur. J'ajoute, amico mio, que vous nous honoreriez grandement si vous nous faisiez la gentillesse de venir le manger avec nous.

Leacok ne luttait plus. Il était persuadé maintenant qu'entre les méthodes d'investigation américaines et celles en usage à Vérone, il n'y avait aucune commune mesure et que ce serait perdre son temps et ses forces que de vouloir faire entendre raison à ce policier ainsi que

1. Aux coquillages.

d'essayer de lui inculper le B A. BA de la police scienti-
fique. Le plus curieux est qu'il n'en ressentait déjà plus
la vive indignation des heures précédentes. Il commençait à se laisser emporter par cette nonchalance nar-
quoise pour laquelle rien n'a d'importance, par cette
naïveté voyant le monde sous un jour que le Bostonien
tenait pour faux, par cette imagination qui suppose tous
les problèmes résolus à seule fin de protéger une paresse
ancestrale. Il accepta l'invitation à dîner de Tarchinini,
n'ayant aucune raison de la refuser, demandant seulement la permission de rentrer à l'hôtel pour se changer.
Le commissaire témoigna la vive satisfaction.

— Allez vous changer, puisque vous y tenez, bien
que nous ne soyons pas des gens à manières, mais prenez
garde d'être à l'heure surtout! Je vous attends chez moi,
à vingt heures, au 126, via Pietra. Quand à Lanzolini, je
ne l'oublie pas et, dès demain matin, nous aurons un
entretien avec lui.

CHAPITRE IV

Cyrus A. William se demanda longuement s'il devait ou non revêtir son smoking. A Boston, cela eût allé de soi, mais à Vérone ? Et chez les Tarchinini ? Il finit par se décider pour un costume bleu marine, une chemise de soie et une cravate d'un grenat des plus sobres. L'ensemble donnait à l'Américain ce chic discret que les habitants de New England estiment tenir traditionnellement de l'élégance britannique. Au moment de sortir, Leacok dut résoudre un autre problème : convenait-il d'apporter des fleurs à la signora Tarchinini ou des bonbons ? Chez Valérie, il arrivait toujours avec des orchidées admirablement présentées, mais la manière de vivre des Pearson ne ressemblait sûrement en rien à celle des Tarchinini. Il opta pour des chocolats dont il se procura une énorme boîte à l'hôtel même.

En remontant vers la via Pietra, Cyrus A. William ne s'irritait plus d'être coudoyé, bousculé, pressé par une

foule rieuse qui encombrait les rues dans sa flânerie vespé-
rale. Il éprouvait même de la sympathie pour ces gens
qui avaient l'air si heureux de vivre et qui, sans se soucier
de la plus élémentaire discrétion, se hélaient d'un trottoir
à l'autre, se livraient aux manifestations d'amitié les
plus bruyantes. Leacok commençait à se faire à l'Italie.

La concierge du 126 de la via Pietra parut subjuguée
par l'élégance de ce signore qui lui demandait à quel
étage logeaient les Tarchinini et Cyrus A. William rougit
en entendant cette brave femme s'exclamer en joignant
les mains :

— Santissima Vergine! Che bel uomo [1]!

Confus, Leacok l'arracha à son admiration béate pour
obtenir le renseignement demandé. Dans l'escalier, il se
mit à rire, flatté au fond de cet hommage spontané.
Valérie goûterait-elle le sel de la chose? Devant la porte
des Tarchinini, il hésita, les éclats martiaux d'une trompette qui lui parvenaient le poussaient à croire à une
erreur possible, car il ne pensait pas que le commissaire
cultivât ce passe-temps. Il se pencha sur la rampe pour
compter les étages montés et dut constater qu'il ne s'était
pas trompé. Fallait-il donc admettre qu'on avait convié
un orchestre militaire pour le recevoir?

Naturellement, son coup de sonnette se perdit dans le
tintamarre. A plusieurs reprises, il appuya sur le bouton
sans troubler le moins du monde le musicien. La colère
le prit et il se mit à frapper à coups de poing contre l'huis.
Brusquement, la trompette s'arrêta et il perçut une voix
juvénile hurlant :

— Mama, il y a quelqu'un!

1. Sainte Vierge! Quel bel homme!

De très loin, l'écho d'un ordre assourdi lui parvint :

— Dis-le à ton père!

— Papa est occupé!

— Moi aussi! Ouvre donc, toi!

— J'peux pas, j'suis occupé!

Cyrus A. William devant la révélation d'une pareille activité accaparant chacun des membres de la famille Tarchinini craignit devoir rester longtemps dans l'escalier. Il y eut encore des cris, des invocations fracassantes aux hiérarchies célestes, des bruits de galopades, puis la porte s'ouvrit devant une femme d'une quarantaine d'années, de corpulence assez forte, au sourire tendre et qui, à la grande surprise du visiteur, se présentait dans un peignoir-robe de chambre un tantinet crasseux. Mal fermé, il permettait de se rendre compte que la signora Tarchinini possédait une gorge abondante et une peau du grain le plus fin. Affreusement gêné, Cyrus A. William baissa les yeux, murmurant:

— Je vous demande pardon...

Sans éprouver le moindre embarras, elle demanda :

— Vous êtes sans doute le signor Leacok? Entrez, je vous prie.

Leacok se trouva dans un long corridor d'où on l'introduisit dans une sorte de salon-salle à manger où le couvert était déjà mis. Du premier coup d'œil, il constata qu'il y avait huit assiettes posées sur la table. Il regretta de n'avoir pas mis son smoking, le commissaire ayant sans doute invité des notabilités pour lui faire honneur. La signora Tarchinini, aimable, empressée, évoluait autour de son invité comme un gros bourdon maladroit autour d'une fleur. Elle lui prit son chapeau, ses gants et accueillit la boîte de chocolats avec une joie sincère.

— C'est vraiment trop aimable à vous, signore!

Et elle se tortillait de telle façon dans son déshabillé que les règles élémentaires de la pudeur s'en voyaient quelque peu bousculées sans qu'elle semblât toutefois en prendre conscience. Cyrus A. William ne savait plus s'il devait ou non se scandaliser. Ainsi qu'il en avait l'habitude, il se reporta par la pensée à Boston et imagina la sévère Mrs. Pearson — mère de Valérie — le recevant dans une pareille tenue. Il éclata de rire et, sans paraître offusquée, son hôtesse en fit autant. Attiré par l'éclat de cette gaieté, Tarchinini se montra sur le seuil :

— A la bonne heure! Je vois que vous sympathisez!

Essuyant ses yeux remplis de larmes, Leacok bafouilla :

— La signora Tarchinini est... est charmante.

Pour le remercier de cette aimable appréciation, Giulietta lui adressa une sorte de révérence qui fit s'entrouvrir le peignoir jusqu'à la ceinture. L'Américain en hoqueta d'émotion tandis que le commissaire suggérait tendrement à sa femme :

— Et si tu allais t'habiller maintenant, ma tourterelle?

Sur une dernière virevolte, la tourterelle s'éclipsa dans une cascatelle de notes aiguës qui était sa manière de rire.

— Giulietta est demeurée enfant... Un rien l'amuse et c'est la première fois qu'elle reçoit quelqu'un d'aussi... solennel que vous, mon cher ami. Sa gaieté cache son embarras.

Cyrus A. William essaya d'imaginer alors dans quelle tenue la signora Tarchinini devait accueillir les familiers...

— Un peu de vermouth?

Leacok accepta, parce que, maintenant, il ne pouvait plus rien refuser. Les deux amis trinquèrent, puis le commissaire déclara :

— Il vous intéressera sans doute d'apprendre que l'enquête menée chez les employeurs d'Eugenio Rossi ne nous aurait pas apporté grand-chose de nouveau — garçon consciencieux mais terne, honnête, voué aux emplois subalternes jusqu'à la fin de sa carrière — si dans un tiroir fermé à clé de son bureau, on n'avait trouvé parmi les factures et rapports, ceci. Lisez.

Et Tarchinini tendit à Leacok un papier que ce dernier parcourut :

Votre femme aime beaucoup les coiffeurs, mais les coiffeurs lui rendent-ils cette affection ? On dit que oui et même qu'ils le lui prouvent. Qu'en pense le mari ?

L'Américain redonna le billet au commissaire.

— La lettre anonyme classique... internationale... Rossi a voulu savoir et cela a déplu à Lanzolini qui l'a tué avec la complicité de Mica.

— Oui... Mais qui, dans ce cas, a envoyé ce poulet à Rossi ? Je ne pense pas que vous soupçonniez sa femme car ce sont de ces choses que les épouses infidèles préfèrent tenir secrètes, ni Lanzolini qui n'avait rien à gagner à un scandale ?

— Bien sûr... Dommage qu'on ne puisse conclure au suicide du mari convaincu de son infortune, cela aurait arrangé tout le monde !

— Surtout l'assassin ! Mais assez parlé métier pour ce soir. Buvons à la prompte capture du meurtrier, c'est la seule concession que je sois disposé à vous faire sur ce point!

Les deux amis burent beaucoup plus qu'un peu de vermouth à leur amitié, à la suprématie de l'Italie dans le domaine des arts, de l'esprit et de l'amour, à la puissance des États-Unis et à la paix. Ce fut Cyrus A. William qui se souvint qu'ils n'avaient pas porté un toast à la signora Tarchinini et ce rappel fit sangloter le commissaire un peu ivre sur l'épaule de l'Américain, tant le bouleversait cette marque de sympathie. Ils vidèrent donc de nouveau leur verre pour que Giulietta soit heureuse jusque dans sa vieillesse et, délicatement, Tarchinini proposa une nouvelle tournée en l'honneur de celle restée à Boston. Leacok ne pensait plus du tout à Valérie et il lui fallut un certain temps pour comprendre de qui le commissaire entendait parler. Le remords l'obligea à boire deux fois coup sur coup, si bien que lorsque la maîtresse de maison revint, elle trouva les deux hommes fraternellement enlacés, Tarchinini jurant que les États-Unis s'affirmaient les bienfaiteurs de l'humanité tandis que l'Américain prenait à témoin les petits chanteurs (en plâtre) de Lucca della Robia qui lui faisaient face sur le mur, au-dessus de la cheminée, que Christophe Colomb aurait été mieux inspiré de rester tranquille au lieu de découvrir l'Amérique, parce que, ainsi, il aurait eu sa chance de naître en Italie et, qui sait? peut-être à Vérone! Et, d'un commun accord, mais avec la permission de la signora Tarchinini, les deux amis ôtèrent leur veste car la bouteille de vermouth, vidée jusqu'à la dernière goutte, les incitait à trouver la température ambiante excessive. Un instant, Leacok hésita en pensant aux autres invités. Il fit part de ses inquiétudes à son ami qui le regarda, étonné :

— Quels autres invités ?

L'Américain montra les couverts.

— Mais ce sont les enfants! Giulietta, appelle les petits.

La signora Tarchinini ouvrit la porte et, du seuil, poussa un hurlement qui rappela à Cyrus A. William le cri de guerre des Indiens dans les vesterns hollywodiens.

— Avanti, bambini!

La galopade effrénée que cet appel déchaîna inquiéta Leacok et le renforça dans l'ambiance western. Cinq gosses s'emmêlèrent à l'entrée en un magma confus d'où émergeaient des bras, des jambes et des têtes sans qu'on pût deviner à qui tout cela appartenait respectivement. Tarchinini, plongeant dans le tas, ramena un gosse qu'il brandit le plus haut possible en annonçant triomphalement :

— Voilà Gennaro, quatre ans, le dernier de la couvée!

Il reposa le gamin à terre et le petit, à quatre pattes, fila se réfugier sous la table. La mêlée s'étant séparée, le père prit par la main un autre de ses rejetons :

— Fabrizio, sept ans, un futur ingénieur!

Puis ce fut le tour d'une fillette :

— Rosanna, dix ans, une mystique!

Cyrus A. William nota que, pour l'heure, la mystique louchait avidement sur la boîte de chocolats.

— Alba, treize ans, déjà une excellente ménagère et et qui aide bien sa maman.

Le plus grand n'attendit pas pas que son père vînt le

chercher et se planta devant l'Américain tandis que Tarchinini disait :

— Renato, seize ans, et qui, je l'espère, me remplacera un jour.

Leacok, que la quantité de vermouth ingurgité rendait optimiste, félicita ses amis d'une prolificité aussi sympathique. La signora Giulietta répondit qu'il ne manquait que l'aînée à l'appel, car elle se trouvait chez une camarade qui célébrait ses fiançailles.

Jamais Cyrus A. William n'avait encore eu l'occasion de prendre part à un dîner de cette sorte. Tout le monde parla à la fois dès la « minestra alla romana »[1] qui ouvrit le repas jusqu'aux « sfogliatelle »[2] qui le clôturaient en passant par les fameux spaghetti dont l'Américain mangea deux pleines assiettes. On vida de nombreuses bouteilles et, après le dessert, Giulietta envoya sa nichée au nid, non sans un certain tintamarre. Resté seul en face de Tarchinini, l'Américain l'apercevait dans une sorte de brouillard ressemblant à une auréole. Empli d'une euphorie sans limite, Cyrus A. William acceptait sans étonnement la possibilité d'un miracle qui verrait le commissaire monter au ciel sous ses yeux.

Giulietta revint bientôt, apportant une bouteille de « grappa »[3] fabriquée par ses parents — des paysans de Bardolino — et l'on ne se sépara pas avant que le flacon ne fût entièrement vidé. Au moment où Leacok prenait congé, la signora Tarchinini voulut absolument lui glisser

1. Soupe aux pâtes et aux poids chiches.
2. Choux fourrés de crème et de confiture.
3. Eau-de-vie de raisin.

un litre de « grappa » dans les bras, pour qu'il garde un bon souvenir de cette soirée. Personne ne comprit quoi que ce fut à ce que bafouilla Cyrus A. William, qui tenait à descendre l'escalier à cheval sur la rampe pour montrer aux Italiens qu'un Américain n'était pas un homme comme les autres. Devant une semblable ambition, le commissaire crut de son devoir de ramener son ami jusqu'à son hôtel, de crainte que la fantaisie ne le prît de piquer une tête dans l'Adige à seule fin de rejoindre Boston à la nage. Au Riva San Lorenzo e Cavour. Tarchinini confia son ami au portier. Pleurant à chaudes larmes, l'Américain s'assit sur le bord du trottoir. Pour le consoler, le portier dut prendre place à ses côtés. Aussitôt, Leacok lui conta ses peines :

— Pourquoi, hein ? Pourquoi s'est-il mêlé de ce qui ne le regardait pas ?

— Qui ?

— Christophe Colomb !

— Je ne sais pas, signore.

— Voilà ! Moi non plus, je ne sais pas ! Personne ne sait pour quelles raisons ce foutu Génois est allé découvrir l'Amérique ! Comment t'appelles-tu ?

— Amedeo, signore.

— Eh bien ! Amedeo, écoute-moi. Sans ce bon à rien, je serais peut-être né à Vérone et j'aurais épousé ta sœur.

— Je n'ai pas de sœur, signore.

— Tu en aurais sans doute une, Amedeo, et nous serions frères... Que faire, maintenant, Amedeo, pour rattraper ce gâchis ?

— Se coucher, signore.

— Se coucher ? Tu as peut-être raison...

Et aussitôt Leacok, s'allongea sur le trottoir, utilisant son chapeau comme oreiller. Amedeo intervint :

— Vous serez sans cesse dérangé, signore, si vous restez ici. Il vaudrait mieux regagner votre chambre.

Le portier l'aida à se relever et l'accompagna jusqu'à la réception où un garçon le prit en charge. Mais, au moment d'entrer dans l'ascenceur, Leacok cria qu'il avait oublié de câbler à Valérie. On le ramena au bureau où il expliqua au réceptionnaire qui était Valérie Pearson, une fille de Boston possédant des tas de dollars, mais qui ne connaissait pas Vérone. Puis il dicta le télégramme suivant :

Valérie Pearson, Lincoln Avenue 33, Boston, Massachusetts, U.S.A. Christophe Colomb malfaiteur. Stop. Pourquoi découvrir Amérique ? Stop. Prière déposer plainte O.N.U. Stop. Département d'État doit exiger destruction statues Colomb dans monde. Stop. Vous embrasse dans le cou. Stop. Cyrus.

Lorsque Cyrus A. William ouvrit un œil, il crut tout de bon avoir la tête prise sous un bloc de pierre. Il se sentait extrêmement mal en point et, angoissé, il repassa dans sa mémoire tous les symptômes qu'il connaissait des maladies fameuses qu'on pouvait attraper dans la vieille Europe sans hygiène. Il hésitait entre le choléra et la peste lorsqu'il se rappela la soirée chez les Tarchinini et se résigna à admettre qu'il subissait simplement les suites d'une cuite phénoménale : une gueule de bois carabinée. Geignant, il se leva à tâtons pour entrouvrir ses volets et fut surpris du mouvement de la rue. Il regarda sa montre et se frotta les yeux. Elle marquait quatre heures! Comme il semblait difficile de croire qu'il s'agissait du petit matin, il fallait se rendre à l'évidence et convenir qu'il était quatre heures de l'après midi. Se dirigeant vers le lavabo pour boire un verre d'eau, il songea subitement aux microbes et comme la bouteille de « grappa » offerte par la signora Tarchinini se trouvait sur la table, il la déboucha, porta le goulot à ses lèvres et en but une large rasade. Sur le moment, il crut exploser! Mais, bientôt, une douce chaleur l'envahit, ses idées devinrent plus nettes et il empoigna le téléphone pour appeler le commissaire. Il eut la chance de l'avoir au bout du fil :

— Allô! Tarchinini? C'est Leacok à l'appareil...

— Comment vous sentez-vous, ami?

— Vaseux!

— C'est la réaction. Il faut dire que vous en avez pris une soignée, hier soir!

— C'est de votre faute!

— Je le sais... C'est pourquoi je n'ai pas voulu vous réveiller.

— Et vous êtes allé seul interroger Lanzolini!

— Rassurez-vous! Je suis moi-même arrivé assez tard au bureau et je n'ai pas encore vu Lanzolini. Venez me rejoindre et nous irons ensemble lui rendre visite. D'accord?

Tarchinini reçut Leacok avec cette cordialité qui est d'usage entre amis d'enfance, puis décida qu'on irait chercher Lanzolini à son travail dans la via Stella et qu'on le suivrait jusque chez lui s'il s'y rendait ; sinon, on l'embarquerait dans le premier taxi venu pour le ramener au commissariat.

— Mais comment reconnaîtrons-nous Lanzolini? demanda l'Américain.

Plongeant là main dans un tiroir du bureau, le commissaire en sortit deux photographies qu'il jeta sur les genoux de son ami. Sur l'une d'elles, ce dernier retrouva le visage de Rossi et, montrant l'autre :

— Lanzolini?

— Exactement!

— De quelle façon vous les êtes-vous procurées?

— En allant les demander à la veuve, tout simplement. car tandis que l'Amérique industrieuse cuvait son vin, l'Italie paresseuse ne perdait pas son temps et se rendait chez Mica Rossi. Interrogée, celle-ci nous apprit encore que feu Rossi n'avait jamais fait allusion à la lettre anonyme que vous connaissez. Cette charmante personne nous a-t-elle menti? Pour le moment, nous n'en savons pas davantage. Mais, si cela vous intéresse, je vous apprends que cette adorable Mica supporte allégrement son veuvage!

— Et vous trouvez cela correct?

— Je ne sais, monsieur le Bostonien, mais je préfère cette attitude à celle qui consisterait à faire des simagrées en pleurant un mari qu'elle n'aimait pas!

— Mais si elle ne l'aimait pas, pourquoi ne divorçait-elle pas?

— D'abord parce que le divorce est interdit en Italie ; ensuite parce que c'était sans doute contraire à ses convictions religieuses.

Sidéré, Cyrus A. William hoqueta :

— Ses convictions religieuses...

Sans lui laisser le temps de récupérer, Tarchinini l'entraîna.

Quand ils arrivèrent devant le magasin de coiffure di Martino, le commissaire entra sous prétexte de chercher sa femme, et ressortit après quelques instants en annonçant à son compagnon qu'il avait aperçu Lanzolini quittant sa blouse de travail et se préparant à partir. Les derniers clients apparurent, puis Lanzolini, qui jeta rapidement un regard à droite et à gauche avant de s'élancer dans la foule, comme s'il entendait s'y perdre le plus rapidement possible. Les policiers se précipitèrent sur ses pas et Cyrus A. William remarqua :

— Vous avez vu ? On aurait dit qu'il redoutait d'être attendu à la sortie ?

— Oui... bizarre...

— Vous aurait-il repéré ?

— C'est ce que je me demande. Si c'est oui il faudrait admettre que la petite veuve est plus rusée que je ne le pensais, et dans ce cas...

— Dans ce cas, cher Tarchinini, on pourrait en revenir à la méthode de cet abruti d'Américain et envisager la culpabilité de l'amant, aidé par la charmante Mica...

— Il n'est pas possible qu'ils aient été aussi bêtes ! Enfin, nous serons bientôt fixés...

Toujours suivi par les policiers, Lanzolini gagna le ponte Navi qu'il traversa, longea le fleuve par le Lungadige Puerta Vittoria qu'il abandonna en son milieu pour obliquer dans la via San Francesco.

— Tout s'arrange pour le mieux, murmura Tarchinini. Il rentre chez lui !

Lorsque Lanzolini pénétra dans la maison portant le numéro 57, le commissaire et son ami laissèrent passer quelques instants avant de se présenter à la concierge.

— Pardon, signora, le signor Lanzolini?

— Au quatrième, porte à droite.

— Grazie, tante [1]!

Au moment où le commisaire se disposait à sonner à la porte de Lanzolini, Leacok lui chuchota :

— Vous êtes armé?

— Armé? Bien sûr que non! En voilà une idée!

— Mais si c'est un tueur?

— Ce n'est pas un tueur. C'est un amoureux.

— Qu'il soit amoureux ou non, un type qui vous tire dessus vous envoie au cimetière ou pour le moins à l'hôpital!

— A Vérone, on ne vous tire pas dessus.

— Espérons que la tradition sera respectée...

Lanzolini répondit presque tout de suite au coup de sonnette, mais, à la vue des visiteurs, il parut désorienté.

— Vous désirez?

— Vous êtes bien Orlando Lanzolini?

— Oui.

— Nous voudrions vous parler?

— C'est que...

— Police!

— Ah?...

Il restait là, visiblement désemparé, ne sachant plus ce qu'il convenait de faire. Le commisaire le poussa légèrement :

— Il vaut mieux bavarder à l'intérieur.

Lanzolini sembla se réveiller :

— Mais oui, bien sûr...

Après avoir refermé la porte qu'il verrouilla — manie

1. Grand merci!

ou précaution? se demanda Tarchinini, et si c'est précaution, contre qui? — le jeune homme les précéda dans
une petite pièce meublée avec plus d'enthousiasme que
de goût. Sur la cheminée, entre deux lampes anciennes,
Mica Rossi, souriait sous une plaque de verre encadrée
d'argent guilloché.

A la nervosité que trahissaient ses gestes, il était facile
de deviner que Lanzolini ne se sentait pas à son aise.
Rien que cela fortifiait Cyrus A. William dans la conviction de sa culpabilité. Mais il ne pipait mot, attendant
de voir comment le commissaire s'y prendrait pour lui
arracher des aveux. Tarchinini ne disait rien non plus
et ce silence augmentait l'anxiété du suspect qui, finale-
ment, n'y pouvant plus tenir, s'inquiéta :

— Qu'est-ce que vous me voulez?

Le commissaire lui adressa un bon sourire confiant,
presque affectueux :

— Vous ne vous en doutez pas un peu?

— Non.

Mais ce « non » manquait tellement d'assurance que
cela en était attrendrissant.

— Stupide de mentir, Lanzolini... et tellement inutile!

— Je vous assure que...

— Mais je vous crois, je vous crois!... Et si nous liions
connaissance?

— C'est-à-dire?

— Vous pourriez, par exemple, commencer par nous
décliner vos nom, prénoms et qualité?

— Lanzolini... Orlando, Attilio, Roméo...

Tarchinini glissa un coup d'œil complice vers Leacok
qui ne put s'empêcher de sourire. Encore un Roméo!

— ... Coiffeur... au salon di Martino...

— Disons : coiffeur à vos moments perdus...

— Pardon ?

— Lanzolini, vous avez déjà été employé dans une dizaine de salons de coiffure de Vérone... C'est beaucoup, non ?

— Je tombe toujours sur des patrons qui ne me comprennent pas ! Je suis un artiste, moi !

— Et aussi un « giovanetto della malavita » [1], pas vrai ?

— Je vous défends de...

— Tais-toi !... Tous les patrons que tu as abandonnés, tu les as quittés à la suite d'une cliente généralement bien argentée... Pas difficile à deviner, hein ?

Redevenant presque cérémonieux, Tarchinini ajouta :

— Parlez-nous donc maintenant de cette charmante dame dont le portrait est sur la cheminée ?

— Mica ?

— Mica Rossi, oui.

— C'est... c'est une amie...

— Racontez-nous comment vous avez fait connaissance tous les deux ?

— Oh ! vous savez bien comment ces histoires-là se déclenchent... Il faut comprendre qu'une femme qui entend être bien coiffée passe plusieurs heures par semaine chez son coiffeur... Alors, pendant tout le temps qu'on s'occupe d'elle, on est amené à bavarder, n'est-ce pas ?

— Evidemment...

Rassuré par la compréhension dont ce policier paraissait faire preuve, Lanzolini retrouvait peu à peu son assurance :

1. Gigolo.

— Alors, pour peu qu'elle revienne ponctuellement, on noue des relations amicales...

— Bien sûr...

— Une cliente vous raconte très vite sa vie, ses désillusions, ses espoirs... et si vous ne lui répondez pas, elle se persuade que vous l'approuvez... Dès lors, elle vous regarde avec d'autres yeux et... et le reste va tout seul.

— Mais, dites-moi, Lanzolini, contrairement à vos conquêtes habituelles, la signora Rossi ne paraît pas être fortunée ?

— Mica, ce n'est pas comme les autres... elle, je l'aimais.

— Voyez-vous ça! Une sorte de punition, si je comprends bien ?

— Riez tant que vous voudrez, j'aimais Mica!

— D'accord! Mais... le mari ?

Orlando eut un rire suffisant :

— Oh! le mari!...

— Vous le connaissiez ?

— De vue, seulement. Elle me l'avait montré un jour où il rôdait près du salon de coiffure.

— Il se doutait donc de quelque chose ?

— Je le pense, sans en être certain.

Le commissaire se tourna vers Leacok :

— Qu'est-ce que vous en dites ?

— Ça me paraît clair.

— A moi aussi... Signor Lanzolini, si vous mettiez un peu de linge dans une valise pour venir avec nous ?

Ahuri, Orlando les regarda tous deux :

— Avec vous ? Mais où ça ?

— En prison.

— En prison? Moi? Mais pourquoi?

— Parce que je crois bien que je suis obligé de vous arrêter pour meurtre commis sur la personne d'Eugenio Rossi.

Écrasé, Lanzolini ne réagit pas tout de suite. Quand les deux policiers se levèrent, le jeune homme se mit à hurler :

— Ce n'est pas vrai! Ce n'est pas vrai! Vous n'avez pas le droit! Vous mentez!

Le commissaire lui tapota l'épaule :

— Allons, allons, cessez de crier, Lanzolini! Persuadez-vous que nous ne mentons jamais... Il nous arrive, évidemment, de nous tromper, mais je ne pense pas que ce soit le cas! J'ai peur que vous ne soyez un assassin, Lanzolini...

— Non!

— Vous aimiez Mica — c'est vous-même qui venez de nous l'affirmer — et vous la vouliez pour vous tout seul, c'est naturel! Le mari gênait trop, hop! on le supprime!

— Je ne l'ai pas tué! Il s'est suicidé!

— Comment le savez-vous?

— C'est elle qui me l'a dit!

— Moi, je pense qu'elle vous a aidé à vous débarrasser de son mari?

— C'est ignoble! C'est monstrueux!

Leacok se mêla au dialogue :

— Pour moi, commissaire, il n'y avait rien de prémédité. Rossi les a surpris.

Tarchinini entra dans le jeu :

— Ça se pourrait...

— Eugenio avait annoncé à sa femme qu'il prenait

son train, mais au lieu de filer à la gare, il est revenu chez lui et il les a trouvés tous les deux. Il les a menacés...

— Et Lanzolini a eu peur!

— Il s'est jeté sur Rossi!

— Pas pour le tuer, j'en suis sûr, simplement pour se défendre!

— Et ils se sont battus...

— Il a dû tirer sans même s'en rendre compte!

Affolé, Lanzolini les écoutait, puis il bondit :

— Non! Vous inventez cette histoire!

Le commissaire le força à se rasseoir :

— Pourquoi n'avouez-vous pas? Ce serait tellement plus simple!

— Ce n'est pas moi! Je jure que ce n'est pas moi!

— Alors, qui?

— Je l'ignore...

— C'est elle?

— Non!

— Ce serait idiot de vous sacrifier pour Mica!

Orlando se mit à pleurer comme un gosse :

— C'est Mica qui... est venu m'apprendre la mort de Rossi... au... salon de... de coiffure...

— Comment était-elle au courant?

— C'est... c'est la po... police qui l'a avertie...

Tarchinini retourna s'asseoir. Cyrus A. William l'imita :

— Calmez-vous, Lanzolini... et racontez-nous la vérité maintenant.

— Quelle vérité?

— Ce que vous avez fait avant-hier soir, elle et vous?

— On s'est retrouvés à vingt heures à la Loewenbrau, sur la piazza Vittorio Emmanuele.

— Elle est arrivée à l'heure?

— Avec moi, elles sont plutôt en avance. Après, on est allé dîner au Dante, piazza dei Signori, où je me suis disputé avec le garçon pour une erreur dans l'addition.. Après, on s'est rendu au Nuovo, où on a vu jouer la *Locandiera*, de Goldini... Ensuite, on est venu ici où on a passé la nuit et la matinée, parce que je ne travaillais pas ce jour-là.

A ce moment, on entendit bouger une clé dans la serrure de la porte. Les trois hommes se figèrent et Tarchinini chuchota à l'adresse de Lanzolini :

— Taisez-vous!

Le visiteur tournait vainement la clé, Orlando ayant poussé le verrou. Sur la pointe des pieds, Cyrus A. William s'approcha de la porte, la déverrouilla et, l'ouvrant brusquement, dit :

— Entrez donc, signora!

Et, comme elle ne bougeait pas, il la prit par la main et l'amena vers le commissaire qui s'inclina :

— C'est un plaisir pour moi que de vous revoir, signora Rossi... Lanzolini, tournez-vous vers la fenêtre, je ne tiens pas à ce que vous échangiez des signes...

Le garçon obéit :

— Et maintenant, signora, faites bien attention à ce que vous allez nous dire. Avant-hier soir, vous aviez rendez-vous avec ce signore?

— Oui.

— Où?

— A la Lowenbrau.

— Où avez-vous dîné?

— Au Dante.

— Sans histoire?

— Naturellement... Ah! si, pourtant, on s'est un peu querellés avec le garçon.

— Et après?

— On est allé voir jouer la *Locandiera*.

— Ça va... Vous pouvez revenir avec nous, Lanzolini.

Orlando s'exécuta. Mica s'approcha de lui :

— Qu'est-ce qui se passe?

Rogue, il répliqua :

— Qu'est-ce que vous voulez?

— Je ne t'ai pas vu à la sortie de ton magasin, alors je suis venu...

— Rendez-moi ma clé et filez!

Elle resta un instant bouche bée, sans comprendre.

— Mais voyons, Orlando, n'avions-nous pas prévu de...

— Ce que je n'avais pas prévu, c'est la visite de ces policiers!

— Qu'est-ce qu'ils te veulent?

— Oh! presque rien... simplement m'accuser de l'assassinat de votre mari!

Elle se mit à rire :

— Tu te moques de moi! Eugenio s'est suicidé!

— Demandez-leur ce qu'ils en pensent!

Elle se tourna vers Tarchinini :

— C'est exact, signora, votre mari a été assassiné.

— Madonna Santa! et par qui?

— C'est ce que nous cherchons...

— Et vous avez cru qu'Orlando...? Mon pauvre chéri!

Mais Lanzolini avait eu trop peur pour être encore sensible à la tendresse.

— Le pauvre chéri, il en a marre!

Mica devinait que le vent changeait et menaçait son bonheur. Assez puérilement, elle s'enquit :

— De quoi?

— De tout!

D'une voix étranglée, elle balbutia :

— De... de moi... aussi?

Touché sans doute par la détresse que la jeune femme ne songeait pas à masquer, Lanzolini se leva et la prit doucement par la taille :

— Écoute, Mica...

Elle eut un cri d'angoisse :

— Tu veux me quitter?

La larme à l'œil, Tarchinini assistait à cette scène qui le ravissait. Toutes les histoires d'amour l'enchantaient, même quand elles se révélaient tristes. Il murmura à Leacok :

— Hein? Vous n'avez pas ça à Boston?

— Si, mais on le garde pour soi!

— Alors, ce n'est pas de l'amour! L'amour se fiche du qu'en dira-t-on! Ici, on s'aime au grand jour!

— Je vois...

Indifférente à cet aparté, Mica répétait :

— Orlando, tu veux me quitter, je le sens!

— Ce serait plus correct, maintenant que tu es veuve.

Cette logique déroutante ne convainquit pas la jeune femme :

— Alors, tu trouvais correct de tromper Eugenio quand il était là et maintenant qu'il n'est plus...

Lanzolini se réfugia dans la mauvaise foi :

— J'ai de la délicatesse, moi!

— Ce qui veut dire que je n'en ai pas?

— Pas beaucoup, conviens-en?

A son tour, elle éclata en sanglots. Dans tous les pays du monde, lorsqu'une femme se met à pleurer, les hommes ne savent plus quoi faire. Orlando ne faillit point à la règle :

— Il faut que tu sois raisonnable, Mica. Je ne suis pas fait pour ces sortes d'aventures... Je n'ai pas l'habitude que l'on tue les maris de mes maîtresses... C'est très déplaisant, je t'assure!

— Et pour moi, alors?

— Ce n'est pas la même chose.

Contrairement à ce qu'attendait Leacok, la signora Rossi se redressa et, très maîtresse d'elle-même :

— Orlando, tu n'es pas l'homme que j'imaginais. Tu m'as trompée. Je ne peux pas survivre à cette erreur! Je vais me jeter dans l'Adige! Que ma mort te retombe sur la tête!

Très digne, elle salua les policiers :

— Buona sera, signori [1]!

Elle sortit, sans plus s'occuper de Lanzolini. Tarchinini se retint juste à temps ; il allait applaudir!

— Quel panache! Elle a de la classe, cette petite! Bien trop pour vous, Lanzolini! Vous êtes libre...

Et, se tournant vers l'Américain :

— Un type qui n'est pas capable de retenir une femme comme celle-là n'est pas capable de tuer un homme. On s'en va?

L'argument ne parut pas des plus péremptoires à Cyrus A. William, mais ce n'était pas le moment d'entamer une discussion et il suivit son ami.

1. Bonsoir, messieurs.

CHAPITRE V

Tandis qu'ils regagnaient les quartiers du centre, pas plus Tarchinini que Leacok ne semblaient baigner dans l'optimisme. Le commissaire fronçait ses épais sourcils sous l'effet d'une préoccupation profonde et l'Américain mâchait sa gomme avec le détachement d'un bœuf qui rumine. Ils avançaient sans parler et le seul fait que l'Italien observât un silence si contraire à ses habitudes disait assez son embarras. Ce fut lui qui sortit le premier de son mutisme, au moment où tous deux allaient emprunter le ponte Novi.

— Signor Leacok, ce sera sans doute plus difficile que je ne m'étais plu à le croire au premier abord.

— Permettez-moi de vous faire remarquer, signor commissaire, qu'on aurait pu obtenir davantage de Mica Rossi et de Lanzolini!

— A quoi bon? La lettre anonyme reçue par la victime nous indique qu'il y a un troisième personnage dans l'affaire. C'est celui-là qu'il nous faut trouver.

— Bien sûr, mais où le chercher?

— Nous avons la quasi-certitude que Rossi a été tué chez un coiffeur. Nous devons commencer par savoir chez lequel il se rendait depuis près de deux semaines avec obstination, sans doute dans l'espoir d'y surprendre sa femme et l'amant de celle-ci.

— Il me semble tout indiqué d'aller voir chez di Martino, le patron de Lanzolini?

— Évidemment.

— Et si on ne connaît par Rossi chez di Martino, on ira voir l'employeur précédent du bel Orlando. Ça me paraît d'une simplicité enfantine, non?

— Trop simple, si vous voulez mon avis. Ce que je n'arrive pas à comprendre, c'est la raison pour laquelle Lanzolini jure ne pas connaître Rossi autrement que sur photo?

— Il ment!

— Reconnaissez, dans ce cas, que ce serait un mensonge stupide parce que trop aisé à démolir? Non, croyez-moi, signor Leacok, il y a dans toute cette histoire quelque chose qui nous échappe, mais quoi? En tout cas, soyez gentil, si vous le voulez bien, de vous charger de cette petite enquête chez les anciens patrons de Lanzolini. Tenez, prenez la photo de la victime. Pour moi, je vais m'occuper de vérifier l'alibi d'Orlando et de sa Mica. S'il y a la moindre faille dans ce qu'il nous a raconté, je le boucle!

Les deux amis s'engagèrent, tout en bavardant, sur le ponte Navi. Cyrus A. William laissait errer son regard sur les eaux de l'Adige quand, subitement, il lui sembla voir glisser au fil de l'onde le corps de Mica Rossi à qui sa chevelure blonde, dénouée et agitée par les vaguelettes du fleuve, composait une traîne fantastique. Cette espèce d'hallucination fit comprendre à Leacok que, sans en prendre nettement conscience, depuis leur départ de la via San Francesco, il ne cessait de penser à Mica et à sa volonté hautement exprimée de mourir. Il s'arrêta pile et, empoignant Tarchinini par le bras :

— Et la jeune veuve ?

— La jeune veuve ?...

— Vous n'allez pas la protéger ?

— La protéger ? Mais, signore, la protéger contre qui ?

— Contre elle-même ! Ne nous a-t-elle pas confié son intention de se noyer ?

Tarchinini eut un rire bon enfant :

— Ne me dites pas que vous l'avez crue ?

— Et pourquoi ne pas la croire ? Elle avait du chagrin !

— Elle avait du chagrin, c'est entendu, mais elle songeait surtout à assurer sa sortie, à jouer son personnage !

— Dans quel but ? Pour nous impressionner ?

— Un peu pour nous impressionner, mais surtout pour être fidèle à l'image qu'elle se faisait d'elle-même à ce moment-là : la femme trompée, déçue dans son espoir et à qui il ne reste plus qu'à mourir pour ne pas déchoir à ses propres yeux, pour prouver que sa tendresse était au-dessus du commun.

— Vous voyez bien !

— Oui, mais ça, c'est ce qu'on dit... Signor Leacok, persuadez-vous qu'un Italien se dédouble toujours.

— Se dédouble ? Que diable ! me racontez-vous là ?

Tarchinini glissa son bras sous celui de son compagnon, comme pour lui parler en confidence :

— Il y a ce que nous sommes et ce que nous voudrions être, ou mieux, ce que nous imaginons que nous pourrions être. Nous agissons comme les gens que nous sommes, mais nous nous voyons agir comme ceux que nous aimerions être. Les étrangers qui ne réalisent pas cette dualité nous traitent de menteurs, mais ils se trompent, car — retenez bien ceci! — nous ne mentons jamais, enfin pas plus que les autres peuples.

Arrêté au bord du trottoir, Cyrus A. William se sentait troublé tout en regardant s'éloigner le commissaire qui, fatigué par la soirée de la veille, rentrait chez lui. Admettre que des hommes et des femmes puissent se raconter à eux-mêmes des histoires, semblait à Leacok ressortir de la psychiatrie. Il ne voyait pas un Pearson se prenant pour le président des États-Unis et conduisant ses filatures comme s'il était l'hôte de la Maison Blanche. Le plus sage était de se mêler le moins possible aux aventures sentimentales de ces Italiens, aventures où un être normalement constitué ne pouvait espérer séparer la réalité de la fiction. Oui, mais si demain on retirait de l'Adige le corps de Mica? Cyrus A. William apaiserait-il sa conscience en déclarant que la responsabilité en incombait à Tarchinini? Quoi qu'en ait pu dire l'insouciant Roméo, une jeune femme risquait de se trouver en passe de mourir et un Américain la laisserait faire sans se porter à son secours? Jamais! Sans réfléchir plus avant, Leacok sauta dans un taxi auquel il donna l'adresse de la via Carducci où habitait Mica. Dans la voiture qui l'emportait, il souriait à la perspective de cette jeune veuve qui devrait peut-être la vie à un certain Cyrus A. William que la

Providence avait envoyé tout exprès de Boston... En
bref, il raisonnait exactement comme un Italien proje-
tant son image idéale et bâtissant l'avenir à partir de
ce reflet menteur, mais il ne s'en rendait pas compte.

A la concierge sortie sur la pas de sa porte pour voir
qui s'offrait le luxe d'arriver en taxi, Leacok cria :

— Vite! La signora Rossi est-elle chez elle?

Un peu choquée par ces manières, la bonne femme
répliqua sèchement :

— Je crois que oui.

— Dieu soit loué!

Cyrus A. William bondit dans l'escalier comme s'il
espérait battre un record de vitesse. La concierge, s'approchant de la rampe, leva la tête pour suivre l'extraordinaire
ascension de cet inconnu. Le chauffeur de taxi, que la
scène intéressait, la rejoignit. Quand ils entendirent
le jeune homme sonner à la porte de la signora Rossi,
ils soupirèrent et la vieille déclara d'un ton désabusé :

— J'aurai tout vu dans ma vie... Vous y comprenez
quelque chose, vous?

Le chauffeur écarta les bras dans un geste d'incompré-
hension impuissante :

— Je crois que c'est un Américain...

— Vous m'en direz tant!

A la vue de Cyrus A. William, Mica ouvrit des yeux
ronds mais avant qu'elle ait pu articuler un mot, il lui
attrapa les mains, les étreignit en disant avec flamme :

— Signora, je suis si heureux de vous retrouver!

Bien qu'habituée aux hommages enthousiastes de
ses compatriotes, c'était la première fois que Mica écou-

tait une aussi véhémente déclaration. Flattée — quoique un peu inquiète en face de cette exaltation — elle le pria d'entrer et Leacok s'aperçut alors qu'elle était en robe de chambre, ce qui n'est généralement pas la tenue des gens qui ont l'intention de se noyer. Sa constatation le rendit si penaud que Mica dut reprendre l'initiative des opérations.

— Signore, qu'est-ce qui se passe?

— Eh bien! voilà... j'ai eu... peur... Enfin, je veux dire que nous avons eu peur que... que...

— Que quoi?

— C'est que vous nous avez quittés si brusquement tout à l'heure...

— Je ne pouvais rester une minute de plus auprès de cet individu qui me préférait sa tranquillité! J'ai ma dignité de femme!

— Ce n'est pas exactement ça...

— Quoi donc, alors?

— Vous avez annoncé que vous alliez mettre fin à vos jours!

— Vraiment? J'ai dit ça?

— Exactement, signora!

— C'était bien, n'est-ce pas?

— Pardon?

— Je suis heureuse de vous avoir impressionné à ce point. Pensez-vous qu'il m'aura crue, lui, Orlando?

Comme il restait muet, devant son cynisme ingénu, elle le contempla, étonnée, puis, une lueur d'intelligence brilla dans ses yeux, bientôt suivie d'un reflet de stupéfaction intense. Incrédule, elle s'enquit:

— Vous n'avez tout de même pas ajouté foi à mes propos?

— Mais... si, signora!

— Non? Oh! c'est trop drôle!

— Je vous jugeais très malheureuse...

— Mais je suis très malheureuse, signore! Seulement de là à...

Il s'entêta :

— Vous l'avez crié pourtant?

Maintenant, elle s'amusait franchement.

— Vous êtes étranger, signore?

— Américain.

— C'est bien ça... Vous n'êtes pas fait à nos habitudes...

Cyrus A. William s'imagina qu'il entendait, venant de très loin, le ricanement moqueur de Tarchinini.

— Et vous êtes venu de peur que je ne me tue? C'est gentil... très gentil...

Elle s'approcha et, doucement, murmura :

— Vous a-t-on déjà dit que vous aviez de très beaux yeux?

Leacok ne savait pas si on le lui avait déjà dit mais ce qu'il savait bien, c'est que s'il ouvrait la bouche, il crierait des choses très grossières et, pour ne pas céder au vertige qui l'empoignait, il sortit en faisant claquer la porte très fort derrière lui.

Alors que Cyrus A. William réclamait sa clef au bureau de l'hôtel on lui tendit un câble arrivé de Boston. Valérie. Elle ne se doutait certainement pas, la chère fille, combien son télégramme arrivait à point et combien son fiancé était amoureux d'elle depuis qu'il avait eu affaire à la veuve si facilement consolée.

*Cyrus A. William Leacok, Riva San Lorenzo e Cavour,
Vérone, Italie. M'avez ridiculisée. Stop. Admire Colomb.
Stop. Vous somme rentrer immédiatement. Stop. Pour
explications. Stop. Valérie.*

Qu'est-ce que cela signifiait ? Pour quelles raisons
Valérie, si bien élevée, si soucieuse des formes, si poin-
tilleuse sur ce qui se fait et ce qui ne se fait pas, s'était-
elle laissée aller à lui adresser une dépêche aussi brutale ?
Et qui pouvait bien être ce Colomb qu'elle admirait ?
Il faillit répondre vertement et tout de suite à sa fiancée
lorsque dans sa mémoire surgit le souvenir très estompé
d'un autre télégramme. Il interrogea le préposé à la
réception qui lui confirma qu'en effet, la veille, dans la
nuit, il avait câblé à Miss Valérie Pearson. Cyrus A. William sentit un courant d'air glacé courir le long de sa
colonne vertébrale. La bouche sèche, il s'enquit :

— Auriez-vous pas hasard, gardé le texte du télégramme que j'ai expédié ?

— Je ne sais pas, signore. Je vais voir...

L'employé ne tenait pas à lui révéler que non seulement
ce texte avait été soigneusement mis de côté, mais encore
que tout le personnel en avait pris connaissance. Faisant
mine de fouiller dans ses papiers, il feignit d'y mettre la
main dessus.

— Ah! le voilà, signore! C'est une chance...

Lorsque Leacok l'eut parcouru, il se demanda par quel
sortilège il s'était rendu coupable d'une stupidité pareille.
La faute en incombait à Tarchinini, à sa femme et à leur
grappa! Il maudit intérieurement Vérone, cette ville
de perdition où un gentleman de Boston pouvait, en

quelques heures, oublier tout ce qu'il avait appris. Plein de contrition, il câbla de nouveau à sa fiancée :

Valérie Pearson, Lincoln Avenue, 33, Boston, Massachusetts U. S. A. Prière accepter excuses. Stop. Étais fatigué. Stop. Air Vérone convient pas. Stop. Prendrai avion après-demain 13 heures. Stop. Bientôt joie vous retrouver. Stop. Espère pardonnez. Stop. Tendresses. Stop. Cyrus.

La perspective de se retrouver très vite aux États-Unis imprégna d'optimisme le réveil de Cyrus A. William le lendemain matin. Tout en procédant à sa toilette, il s'attendrissait en se remémorant ses gestes quotidiens à Boston : les mouvements de culture physique au saut du lit, le salut des domestiques auquel il répondait avec une familière autorité quand il descendait prendre son breakfast (ah! la fraîcheur du jus de pamplemousse, l'onctuosité du porridge, l'odeur revigorante du bacon frit!) et les premières nouvelles du journal lu tout en déjeunant. Ce n'est pas sans un certain trouble que Cyrus A. William envisageait d'avoir désormais Valérie comme spectatrice légitime de ce rituel journalier. Il fallait que Leacok fût bien amer pour songer avec tant de complaisance à sa future épouse. A dire vrai, l'amour n'avait jamais beaucoup préoccupé le jeune et distingué juriste. Il le tenait pour une de ces histoires qui affaiblissent la volonté et dont un garçon, soucieux d'atteindre à une position importante, devait se garder soigneusement.

Leacok était tellement certain que di Martino — l'employeur actuel de Lanzolini — allait reconnaître dans la

photo de Rossi le visage de son client des fins de journée
qu'il ne se pressait pas. Il estimait avoir tout le temps
d'accomplir la mission dont il avait bénévolement accepté
la charge. Peut-être aussi, persuadé de la culpabilité
d'Orlando et de sa Mica, en lambinant, leur accordait-il
quelques heures de répit et, qui sait ? la possibilité de
fuir, hypothèse dont la seule idée l'enchantait car elle
eût démoli l'assurance du commissaire Tarchinini quant
au comportement des criminels véronais. En vérité,
la seule chose qui empêchait l'Américain de quitter
l'Italie le cœur léger, c'était le regret de partir sans avoir
donné une cinglante leçon à l'impudent policier qui se
donnait de grands airs pour régler l'affaire la plus simple
du monde. Tarchinini inventait d'imaginaires difficultés
pour se faire valoir davantage lorsqu'il aurait décidé
que le jeu avait assez duré et qu'il était temps de boucler
Lanzolini et sa complice. Cyrus A. William essaya de se
représenter l'attitude que prendrait Mica quand les
inspecteurs viendraient l'arrêter. Il inclinait à la plaindre
et, du même moment, il crut entendre chuchoter :

— Vous a-t-on déjà dit que vous aviez de très beaux
yeux ?

Quelle impudique, cette Mica ! Parce qu'il avait été
nourri de la Bible, Leacok évoqua Jézabel mais, insi-
dieuse, une petite question impertinente en diable se
glissa dans son esprit :

— Si tu mourais, Valérie, en dépit de son deuil, remar-
querait-elle les beaux yeux de celui-ci ou de celui-là ?

— Sûrement pas !

— C'est vrai... Elle resterait sans doute fidèle à ton
souvenir, et pour cause...

— Et pour cause?

— Dame! Car, entre nous, sans sa dot, qui se soucierait de faire la cour à Valérie?

Cyrus A. William se hâta de sortir de sa chambre pour n'avoir pas à répondre.

Lorsqu'il se trouva sur le trottoir de l'hôtel, Leacok s'aperçut avec surprise qu'il était presque midi et donc guère le moment de rendre visite au coiffeur di Martino. Sans se presser, il gagna un restaurant des vieux quartiers où, en souvenir de la soirée chez les Tarchinini, il s'offrit un solide plat de spaghetti « al sugo »[1] qui le laissa le souffle court et la sueur aux tempes. Après ce copieux repas, il ne se sentit pas le courage de jouer tout de suite au policier et, montant dans un taxi, il se fit conduire au parc Regina Marghareta. Il s'y promena un instant sous les frondaisons, mastiquant farouchement son chewing-gum dans l'espoir d'accélérer une digestion qui s'annonçait difficile. Bientôt, épuisé par ce combat physiologique, il s'installa sur un banc et, fermant les yeux il ne tarda pas à s'endormir comme un vrai Véronais. La douceur de l'air était telle que Cyrus A. William reposa paisiblement jusqu'à ce que le soleil déclinant aigrit le fond de l'atmosphère et qu'une fraîcheur subite l'arracha à un sommeil sans rêve. Sitôt qu'il eut repris pied dans la réalité, Leacok se précipita dans la via Stella où s'élevait le salon de coiffure di Martino.

Le patron, un bel homme encore plus parfumé que Tarchinini, reçut Leacok avec une certaine froideur jusqu'à ce qu'il sut que son visiteur ne venait pas le déran-

1. Au jus de viande.

ger pour lui faire des offres de service. Quand l'Américain lui présenta la photographie de Rossi, il l'examina
attentivement avant de déclarer :

— Je connais ce type-là... C'est un de mes clients,
j'en suis sûr! J'oublie rarement un visage. Une mémoire
terrible! J'aurais été redoutable dans votre métier,
signore! Je tiens ça de mon père. Tenez, une fois...

Cyrus A. William n'avait pas le temps d'écouter des
confidences. Il voulait se débarrasser au plus tôt de sa
corvée et apporter une réponse positive à Tarchinini.

— Vous l'aviez ces jours-ci comme client?

— Qui?

— L'homme de la photo!

— Oh! non. Ça remonte à quelques années... Deux
ou trois, au moins!

Furieux, Leacok lui tourna le dos et s'en alla, laissant
le coiffeur scandalisé d'une pareille grossièreté.

Roméo Tarchinini ne prit pas au tragique l'échec
de son compagnon, pas plus qu'il ne se permit la moindre
allusion au fait qu'une seule démarche en vingt-quatre
heures donnait une piètre idée de la fameuse activité
bostonienne que Cyrus A. William ne cessait de lui citer
en exemple.

— Demain, il fera jour, signor Leacok. L'alibi de Lanzolini a été vérifié. Il 'tient et, par voie de conséquence,
celui de Mica aussi. Assez travaillé pour aujourd'hui.
Je vous offre un vermouth à l'*Academia*, ça va?

L'Américain faillit refuser mais il devait annoncer son
départ et il pensa que ce serait plus facile au café.

Pour être plus près des passants, ils s'installèrent

à la première rangée de tables de la terrasse. Sitôt qu'ils eurent commandé leurs consommations, le commissaire attira l'attention de son invité sur une ravissante fille dont la robe les frôla. Énervé, Leacok, remarqqua :

— Vous ne pensez qu'aux femmes, ma parole, Tarchinini !

— C'est ma manière de remercier le Bon Dieu de les avoir créées...

Puis, changeant de ton :

— Quel dommage d'avoir à s'occuper d'un meurtre quand il fait si beau... Enfin ! Demain, vous irez sans doute voir ce Matteini de la via Battesti, le précédent employeur de Lanzolini ?

— Ce sera même mon ultime démarche car je prendrai l'avion de treize heures pour Paris et Boston.

Tarchinini resta quelques secondes sans répondre, semblant avoir du mal à encaisser la nouvelle.

— Je vous regretterai, signore, car bien que nous ne nous comprenions pas, je ne désespérais pas de vous faire entendre raison...

— C'est -à-dire ?

— Considérer la vie sous un autre angle.

— Je ne pense pas que vous y seriez parvenu.

— Qui sait ? J'espère que ce ne sont pas de mauvaises nouvelles qui vous obligent à avancer votre départ ?

— Non pas. Simplement, je ne parviens pas à m'habituer à votre manière de vivre, permettez-moi de le dire, à votre légèreté , à vos méthodes professionnelles relevant de l'anarchie !

— Je suis vraiment peiné de vous voir partir sur de si fâcheuses impressions. J'aurais aimé que nous décou-

vrions ensemble le meurtrier d'Eugenio Rossi... Enfin,
n'en parlons plus. Vous voudrez bien me laisser votre
adresse pour que je puisse vous conter la manière dont
l'aventure s'est terminée... Oh! regardez donc qui vient
là ?

Tournant la tête dans la direction indiquée, Cyrus
A. William aperçut Mica Rossi, fine, pimpante, qui avan-
çait en ondulant des hanches. Tarchinini gloussa :

— Notre suicidée n'a pas l'air de se porter si mal ?

— Je m'y perds dans tous vos mensonges !

— Parce que vous les prenez pour des mensonges...

Lorsque Mica parvint à leur hauteur, le commissaire
se leva, l'aborda et la pria de prendre l'apéritif en leur
compagnie. Elle accepta sans aucune gêne, mais Leacok
se montra très froid, admettant difficilement qu'un enquêteur au criminel puisse inviter à sa table une suspecte de
complicité de meurtre. Mais tout, dans cette ville, se
révélait tellement saugrenu, effarant que Cyrus A. William
— garçon de bonne foi — reconnaissait que quelque chose
devait lui échapper.

Personne n'aurait pu se douter que Mica Rossi venait
de perdre son mari. Son deuil se traduisait bien par une
très élégante robe noire mais égayée de ce qu'il fallait
pour qu'elle n'apparût point funèbre. Leacok en éprouva
de l'humeur mais il en ressentit davantage encore lorsque
la jeune femme lui demanda en souriant :

— Alors, signore, vous êtes rassuré ? Vous êtes convaincu
que je n'attenterai pas à mes jours ?

— Plus que convaincu, signora. Mon erreur tenait à
ce que je ne vous connaissais pas.

— Je présume que ce que vous me dites là ne doit pas

être très gentil, mais cela m'est égal parce que vous avez de beaux yeux...

Et s'adressant à Tarchinini :

— N'est-ce pas qu'il a de beaux yeux ?

Le commissaire avoua son incompétence en la matière tout en reconnaissant que son ami pouvait, en effet, passer pour bel homme. Ces remarques étant faites à haute voix. Cyrus A. William, outré, se rendit compte qu'il était l'objet de l'attention amusée de ses voisins. Il grogna :

— C'est indécent !

Surprise, Mica interrogea Tarchinini :

— Indécent ? Pourquoi indécent ?

— Perché e un Americano, signora [1]...

Leacok crispa les poings et, d'une voix contenue :

— Écoutez-moi bien, signor commissario, je suis Américain, d'accord, mais je ne m'appelle plus de mon nom si je ne vous casse pas la figure au cas où vous répéteriez encore que je suis Américain sur le ton que vous employez !

La petite veuve s'exclama :

— Mais qu'est-ce qui lui prend ?

Aimable, Tarchinini expliqua :

— C'est sans doute la manière américaine de prendre congé de ses amis ?

En quittant la trop jolie veuve et Tarchinini, Cyrus A. William était parti droit devant lui, les mains dans les poches, le nez au vent, ressentant au-delà de sa colère un curieux malaise qu'il tentait en vain d'analyser. Pour essayer de distraire cette confuse angoisse, il se

1. Parce que c'est un Américain, madame...

força à penser au lendemain. Il se rendrait chez Matteini et lui demanderait s'il reconnaissait la photo d'Eugenio Rossi. Vraisemblablement, cette fois, le coiffeur répondrait par l'affirmative. Il transmettrait le résultat de sa démarche au commissaire dont il prendrait alors définitivement congé, puis l'aérodrome et adieu l'Italie et les Italiens! Il ne reviendrait sûrement pas en Europe avec avec Valérie. D'ailleurs, celle-ci avait bien trop peur des microbes. Ils feraient leur voyage de noces au Nouveau-Mexique. Plus tard, peut-être, mais beaucoup plus tard, quand il serait vieux, Leacok s'offrirait-il le luxe d'une nouvelle promenade italienne à seule fin de se prouver qu'il avait bien mené sa barque et que tout regret s'avérait superflu.

Pour occuper sa soirée, Cyrus A. William entra dans un cinéma de quartier où l'on jouait un vieux film *Primavera* débordant de gaieté, de saine sexualité et de joyeuse amoralité. Dès les premières images du film il voulut se lever et sortir, mais il n'osa pas déranger les spectateurs et, bientôt, succombant à l'euphorie ambiante, il mêla son rire à ceux de l'assistance. Là-bas, à des milliers de kilomètres, ne pouvant trouver le sommeil, Valérie lisait quelques versets de la Bible et reprenait la liste des gens invités à sa noce pour voir si elle n'avait oublié personne.

En sortant du cinéma, Cyrus A. William, n'ayant pas envie de regagner tout de suite son hôtel, baguenauda à travers les rues que le tard de l'heure rendit vite désertes. Il remontait la via Sottoriva lorsqu'il aperçut, marchant assez loin devant lui, une jeune femme qui se hâtait. Soudain, une ombre jaillit d'un porche et se jeta sur

elle pour tenter de lui arracher son sac. L'inconnue se
défendit mais son agresseur la renversa. Avant que le
voyou n'ait eu le temps de lui faire lâcher prise, Leacok
l'empoignait par l'épaule, le relevait et, le frappant d'un
direct au visage, l'envoyait rouler sur le sol, inanimé.
L'Américain aida la jeune femme à se remettre sur ses
jambes. De tenir ce corps souple dans ses bras, troubla
quelque peu Cyrus A. William, sans compter que la petite
se révélait rudement jolie. Elle murmura :

— Où est-il ?

Il lui montra son agresseur qui reprenait ses sens.

— J'ai eu tellement peur...

— C'est fini, maintenant.

— Merci, signore.

Le voyou se releva, vacillant un peu, puis s'en fut, se
perdant dans la nuit. Accrochée au bras de son sauveur
la signorina retrouvait peu à peu son calme. Elle expliquait :

— Je suis allée au cinéma avec des amies et puis on
a bavardé...

— Voulez-vous me permettre de vous accompagner ?

Il la sentit se raidir contre lui et il ajouta précipitamment :

— Juste quelques pas jusqu'à ce que vous soyez tout
à fait bien ?

Elle s'écarta.

— C'est très aimable à vous, signor...

Ils se mirent en marche côte à côte. Du coin de l'œil,
Leacok l'étudiait et pensait qu'elle était sûrement
quelqu'un de bien, beaucoup plus jeune qu'il ne l'avait
cru tout d'abord. Un peu inquiet de ce qui se passait en

lui, il tenta de se raccrocher à l'image de Valérie, mais le remède se révéla inopérant : Valérie n'existait plus en face de cette adorable fille.

— Vous habitez loin ?

— Non, pas très... Vous êtes étranger, n'est-ce pas ?

— Oui.

— Vous parlez très bien l'italien.

— Je l'ai appris à l'université de Harvard.

Il se rendit compte que le nom du fameux établissement ne touchait pas sa compagne, aussi crut-il bon de préciser :

— Je suis Américain.

— Tiens ? C'est drôle.

Un peu vexé, Leacock rétorqua :

— Et pourquoi, je vous prie ?

— Vous ne pouvez pas comprendre.

— Je commence à le croire, figurez-vous !

Ils firent quelques pas en silence, puis Cyrus A. William enchaîna :

— Vous êtes mariée, signorina... ou signora ?

— Non.

Leacok aurait été incapable de dire pourquoi, mais cette réponse lui procura un plaisir certain. A la piazza Bra Molinari, la jeune fille s'arrêta :

— Il me faut vous quitter ici, signore... Je vous suis reconnaissante...

— Ce n'est pas possible !

— Qu'est-ce qui n'est pas possible ?

— Que nous nous séparions déjà ?

— Mais, signore, mes parents, inquiets de mon retard, doivent m'attendre. Sans doute maman est-elle à la fenêtre et si elle me voyait arriver accompagnée, il y aurait toute une histoire !

— Écoutez, signorina... Je ne sais pas comment vous dire ça, mais enfin si le fait d'être sujet américain ne vou paraît pas rédhibitoire en soi... j'aimerais beaucoup vous revoir ?

— Je ne sais, signore, si...

— Je vous en prie ?

Elle hésita, mais elle le trouvait si sympathique...

— Je travaille chez Maggin et Holpes, dans le vicolo Sorte... Voulez-vous qu'on se retrouve demain devant le Tombeau ?

— Vous me donnez rendez-vous au cimetière ?

Elle éclata d'un rire jeune et frais qui transporta Cyrus A. William.

— Mais non, voyons ! Devant le tombeau de Giulietta !

— Ah ! bon...

— A rivederci !

— Buona notte, signorina !

Légère, elle se mit à courir, mais Leacok la héla :

— Signorina ?

Elle se retourna.

— Dites-moi au moins votre prénom ?

— Giulietta !

Bien sûr...

Vaincu Cyrus A. William ne luttait plus contre l'envoûtement de Vérone qui depuis son arrivée dans cette ville sapait sa résistance alors qu'il se croyait toujours le plus fort. Il s'avouait qu'il était heureux comme jamais il ne l'avait été encore. Il ne se posait pas de question

sur Giulietta, ni ne cherchait à savoir comment son
enthousiasme à l'égard de cette jeune personne pouvait
se concilier avec son attachement officiel à Valérie Pearson.
Simplement, naïvement, il regrettait de ne pouvoir
partager sa joie avec d'autres. Mais les rares passants
qu'il croisait mettaient une telle hâte à rentrer chez eux
qu'il s'avérait facile à deviner qu'ils accepteraient très
mal le rôle de confident même proposé avec la plus grande
courtoisie. Toutefois, l'ange qui veillait sur lui (un ange
véronais sans aucun doute) s'arrangea pour l'amener
dans une petite rue proche de la piazza Erbe, où le signor
Atillo Ghirando, son dernier client parti, posait les volets
de ses fenêtres. Cyrus A. William s'arrêta devant lui
et l'ayant salué :

— Signore, refuserez-vous un verre de grappa à un
homme qui a envie de rencontrer un ami et de trinquer
avec lui ?

Atillo avait du cœur et il estima qu'en dépit de l'heure
et de la loi, il ne pouvait décliner une pareille requête
sans compromettre sérieusement sa part de paradis.
Il fit entrer son sympathique client dans le café désert,
passa derrière le comptoir et ayant versé deux verres
de grappa choqua le sien contre celui de son hôte inattendu.

— Signore, à votre santé !

— A votre santé, signore, et à la santé de la plus jolie
fille de Vérone !

Ils burent, mais lorsque Cyrus A. William voulut payer,
l'autre refusa son argent.

— Non, signore, car je serais en contravention avec
la loi, mon établissement étant fermé à cette heure-ci.

Ce n'est pas un client, mais un ami que je reçois en votre personne!

Jamais à Boston, un patron de bar n'aurait eu cette délicatesse. Ému, Leacok sortit un billet de mille lires de son portefeuille en annonçant :

— Permettez-moi, signore, de vous remettre ce billet pour vos amis dans le besoin.

Le cafetier empocha les mille lires et, solennel :

— Signore, vous êtes un gentilhomme! Veuillez considérer cette bouteille de grappa comme vôtre!

Une trentaine de minutes plus tard, la bouteille presque vidée, les deux amis avaient perdu non seulement la notion du temps, mais encore celle de toutes les contingences d'un univers qu'ils méprisaient. Ne parvenant pas, cependant, à se mettre d'accord sur la personne qui méritait le qualificatif de plus belle fille de Vérone — et ce d'autant plus qu'ils n'avaient aucune relation commune — leur ton montait tant et si bien que l'agent Tino Valecchia, effectuant sa ronde, intrigué par ce bruit intempestif et par la lumière filtrant sous la porte du café à une heure indue, entra pour dire à Ghirando :

— Et alors, Atillo, tu te crois à Noël pour rester ouvert toute la nuit?

Cette intrusion de la force publique dans la discussion passionnée qui l'opposait à l'Américain, parut au cafetier de la dernière grossièreté :

— Si on était à Noël, Valecchia, le Seigneur ne permettrait pas que des affreux de ta sorte viennent embêter d'honnêtes citoyens!

L'agent, entré sans la moindre intention belliqueuse,

fut indigné d'une pareille réception. L'œil mauvais, il avança vers le comptoir.

— Atillo, tu répéterais ce que tu viens de dire?

— Que tu es affreux? Et comment!

Sincère, il prit Leacok à témoin :

— Oui ou non, est-il un affreux?

Cyrus A. William examina gravement le représentant de l'ordre avant d'assurer :

— Incontestablement, c'est un affreux.

Outré par cette attaque imprévue, Valecchia s'en prit à Leacok :

— Vos papiers?

— Je suis citoyen des États-Unis!

— Ça ne m'empêchera pas de vous fourrer au bloc! Atillo vola au secours de son hôte.

— Attention, Valecchia! Fais bien attention! C'est grave ce que tu entreprends là! Ton uniforme ne te donne pas tous les droits! Tu es en train d'essayer de démolir le Pacte Atlantique!

L'agent resta un moment interloqué, essayant de comprendre quelles relations il pouvait y avoir entre le Pacte Atlantique et le fait qu'Atillo Ghirando ne respectait pas le règlement concernant la fermeture des débits de boissons. Devinant sa perplexité, Ghirlando ajouta sournoisement :

— Sans compter que d'aucuns insinueront que tu travailles pour les Soviets!

Valecchia bondit.

— Tu m'as insulté devant témoin, Atillo! Tu m'as accusé d'avoir trahi la patrie! Cette fois, ton compte est bon!

Il tendit le bras par-dessus le comptoir pour empoigner son adversaire, mais celui-ci se reculant, attrapa une bouteille et prévint :

— Je ne suis pas méchant, Valecchia, mais je t'avertis qu'il y aura du vilain si tu continues à faire le clown!

— Je fais le clown, moi?

Cyrus A. William crut de son devoir d'apporter le réconfort de son alliance à son copain en difficulté :

— Le clown, parfaitement!

Et, à son tour, il s'arma de la bouteille de grappa restée devant lui. L'agent sauta en arrière et, sortant son pistolet, cria :

— Un seul geste, bande d'assassins, et il y aura du sang!

La situation s'affirmait plus que tendue lorsque la porte donnant sur l'appartement de Ghirando s'ouvrit et un vieillard, ridicule dans sa longue chemise de nuit, apparut sur le seuil. A la vue des antagonistes prêts à en venir aux mains, il s'immobilisa en un impeccable garde-à-vous et, levant le bras en un salut fasciste, hurla d'une voix de roquet blessé :

— Viva il Duce!

Il y eut un instant de flottement. Valecchia rengaina son pistolet et Cyrus A. William reposa sa bouteille, de même qu'Atillo. Ce dernier, embarrassé, se tapota discrètement le front en confiant aux deux autres :

— C'est le pépé... Il a un peu perdu les pédales... Il se croit toujours dans l'ancien temps...

Il alla prendre le vieux par le bras et lui conseilla :

— Tu vas prendre froid, pépé... C'est pas raisonnable!

Le vieux se dégagea.

— Atillo, tu es un bon garçon, mais ne te mêles pas de ces histoires, ce n'est pas de ton âge! Et personne ne dira du mal du Duce en ma présence! D'ailleurs, excusez-moi de vous quitter, mais j'ai rendez-vous avec lui. Il faut que j'aille me préparer, tu me fais perdre mon temps!

Et, leur clignant de l'œil, il chuchota aux autres ahuris :

— Il souhaite avoir mon avis sur les intentions du Führer.

Puis, tournant les talons, il disparut. Cet intermède détendit l'atmosphère et l'aventure du pépé fit oublier les menaces précédentes. L'agent Valecchia, après avoir aidé l'Américain à finir la bouteille de grappa, le reconduisit jusqu'au corso Cavour où il l'abandonna, non sans lui donner quelques conseils amicaux sur la tempérance et le respect de l'ordre public.

En voyant arriver Leacok, le portier de l'hôtel repéra tout de suite son pas hésitant. Il le salua et lui ouvrit la porte en le plaçant fraternellement dans l'axe du hall pour lui éviter de rester coincé. A la réception, l'employé qui lui tendait ses clefs s'enquit :

— Bonne journée, signore?

— Formidable! J'ai rencontré la plus jolie fille de Vérone!

— Mes félicitations, signore.

— Et je vais vous confier un secret : Vérone est la plus belle ville du monde!

— Merci, signore. Il y a un câble pour vous...

Hébété, Cyrus A. William tournait et retournait le télégramme entre ses doigts. Encore Valérie! Elle commençait à l'embêter! Il eut quelques difficultés à lire, car les lignes dansaient sous ses yeux :

Leacok, Riva San Lorenzo e Cavour, Vérone. Italie. Vous attend. Stop. Pardonne tout cœur. Stop. Mais père demandera explications. Stop. Vous aiderai. Stop. Votre Valérie.

Cyrus A. William confia à l'homme de la réception :
— Elle ne pourrait pas me ficher la paix, Valérie?
L'autre avoua son incompétence respectueuse en la matière.
— Non mais, je vous le demande, pour qui se prend-elle?
Au fur et à mesure qu'il parlait, la colère submergeait Leacok, qui prit une feuille de papier, un crayon et rédigea difficilement un texte qui devait, dans son esprit, le réhabiliter devant l'Italie tout entière.

Valérie Pearson, Lincoln Avenue 33, Boston, Massachusetts, U. S. A. Prière papa se mêler ses oignons. Stop. Suis majeur. Stop. Fais ce qui me plaît. Stop. Vive Vérone. Stop. Et l'amour. Stop. Cyrus.

Et le cœur en repos, la conscience tranquille, il monta se coucher.

CHAPITRE VI

Cyrus A. William se réveilla vers onze heures. Il n'en éprouva pas plus de confusion que de remords. Il se sentait magnifiquement dispos. Évidemment, il aurait dû aller interroger Vincenzo Matteini depuis longtemps, mais quoi? Son salon de coiffure ne changerait pas de place. Alors? Il s'y rendrait dans l'après-midi. Pour l'instant, il avait autre chose dans l'esprit que des histoires de crime. Ce qui comptait, c'était son rendez-vous avec Giulietta, le reste pouvait attendre.

A midi, comme Leacok remettait sa clef au bureau, on lui dit qu'on n'avait pas osé le déranger, mais que son avion partait dans une heure et on lui laissa entendre qu'il serait bien inspiré de se hâter.

— Mon avion? Quel avion?

— Mais, signore, vous nous avez annoncé votre départ pour aujourd'hui par l'avion de treize heures et vous nous avez commandé de prendre votre billet.

— Pas question que je quitte Vérone en ce moment, on verra plus tard. Annulez et si ce n'est pas possible, je vous rembourserai. Quitter Vérone? Elle est bien bonne, celle-là! Vous me prenez pour un fou?

Tandis que l'amoureux de Giulietta sortait, le concierge demanda au chef de la réception :

— Votre avis, signor Giacinto?

Désabusé, l'interpellé secoua la tête :

— E un Americano...

Et il composa le numéro de l'aéroport.

Sur son banc, Cyrus A. William avait la nette impression que les passants le regardaient et riaient de lui. Il s'imaginait que tous le connaissaient et qu'on s'étonnait de ce qu'un des plus brillants partis de Boston se trouvât sur un banc comme un gamin attendant une fillette pour tenter ses premiers pas dans la carrière de séducteur. S'efforçant de prendre l'air du monsieur qui se repose, Leacok se persuadait petit à petit que Giulietta ne lui avait accordé ce rendez-vous que pour se débarrasser de lui et qu'elle ne viendrait pas. Elle arriva, un peu essoufflée d'avoir couru.

— Il faut m'excuser, mais le signor Fumani, mon chef de bureau, ne voulait pas me laisser partir. C'est sa manie, de choisir l'heure de sortie pour nous parler de notre travail!

Elle riait avec ce rire inimitable des Italiennes et Leacok jugea qu'elle était encore plus jolie dans la lumière du jour que dans l'ombre de la rue nocturne. Elle prit place à ses côtés sans la moindre gêne.

— Vous allez bien, Giulietta?

Elle ne se formalisa pas de s'entendre appeler par son prénom.

— Naturellement! D'ailleurs, je vais toujours bien!

— Voulez-vous que nous filions déjeuner quelque part?

— Oh! non...

— Pourquoi? Vous n'avez pas faim?

— Ce n'est pas ça, mais je ne mange jamais à midi pour ne pas grossir et puis que dirait-on si l'on me voyait dans un restaurant avec un inconnu?

Cyrus A. William se garda bien de lui dire qu'en ce qui concernait sa réputation, il estimait plus délicat d'accepter un rendez-vous qu'un déjeuner en public, mais peut-être se trompait-il après tout? Il n'était pas prouvé qu'on voyait juste en la matière, à Boston.

— Comment vous appelez-vous?

— Cyrus A. William Leacok.

— Cyrus!!!

Son rire courut frais, léger, et les passants se retournèrent comme pour la remercier de ce rire qui les revigorait. Vexé, Leacok remarqua amèrement :

— Évidemment, je ne me prénomme pas Roméo!

Elle s'arrêta net et, d'une voix indéfinissable :

— Dommage...

L'Américain se demanda ce qu'elle entendait par là mais, déjà, elle reprenait :

— Vous n'êtes pas marié?

— Non. Vous-même, vous êtes fiancée, sans doute?

Elle le regarda avec stupeur.

— Croyez-vous, signore, que si j'étais fiancée, je serais sur ce banc?

Cyrus A. William, repensant à Mica, jugea inutile de répondre que dans Vérone tout lui paraissait possible.

— Je ne m'imaginais pas qu'un jour je pourrais rencontrer un Américain et parler avec lui, en amitié...

— Moi-même, j'aurais ri au nez de celui qui m'eût annoncé qu'un moment viendrait où je trouverais du plaisir à bavarder avec une jeune Italienne sur un banc... tel un amoureux.

— Vous avez déjà été amoureux?

— Non.

Il était sincère. Elle se leva :

— Il faut que je m'en aille... J'ai une course à faire... Au revoir...

— Giulietta...

Il lui prit la main.

— Je vous reverrai, n'est-ce pas?

— Mais il n'y a pas de raison?

— Je ne sais pas exactement quelles sont ces raisons, mais je suis sûr qu'il y en a!

Ils convinrent de se retrouver de nouveau à la même heure, le lendemain sur leur banc. Tandis qu'ils se séparaient, un avion passa en vrombissant au-dessus d'eux. Ils ne levèrent pas la tête. C'était le courrier que Leacok aurait dû emprunter pour gagner Boston et rejoindre Valérie.

Bien qu'il fût à peine trois heures, le salon de coiffure de Vincenzo Matteini était plein. Cyrus A. William prit place sur une chaise au milieu des clients qui attendaient leur tour.

Parmi les coiffeurs qui opéraient, l'un d'eux, parce

qu'il était nettement le plus âgé et semblait faire preuve d'une autorité indiscutable, fut mentalement choisi par Leacok pour incarner le signor Matteini. Curieux personnage, doué d'une remarquable exubérance pileuse se traduisant par une chevelure romantique grisonnante, une moustache épaisse et des joues bleues, sans oublier les poils qui lui sortaient des oreilles et des narines. Sur les doigts, un duvet sombre s'étendait jusqu'à la racine des ongles.

Tout le monde bavardait et chacun haussait le ton pour tenter de dominer le tintamarre. Leacok, sous les yeux réprobateurs de son voisin, déplia soigneusement une tablette de chewing-gum et se mit à ruminer paisiblement, se laissant bercer par le brouhaha d'où jaillissait parfois la note aiguë d'une exclamation amusée. Il s'engourdissait lorsqu'une remarque dissipa sa torpeur :

— Matteini, tu es un artiste!

Leacok avait deviné ; le coiffeur poilu était bien le patron. Ce dernier, d'un geste prompt, enleva la serviette placée autour du cou de son client se contemplant dans la glace et, bouffon, dit en s'inclinant :

— Et voilà, signor Eduardo degli Innocenti... Frais et rose comme un jeune homme!

— Ouais, Vincenzo... en façade, du moins!

Il y eut des rires pendant que les deux hommes se dirigeaient vers la caisse derrière laquelle Matteini se glissa :

— Trois cent cinquante lires pour toi, Eduardo.

Cyrus A. William les rejoignit au moment où Degli Innocenti annonçait :

— Tiens, voilà cinq cents lires.

L'Américain demanda :

— Vous êtes le signor Matteini ?

Vincenzo, occupé à fouiller dans son tiroir-caisse, releva la tête :

— Oui. Pourquoi ? Vous représentez quelque chose ?

— J'aurais mauvaise grâce à le nier, signore.

— Dans ce cas, je n'ai besoin de rien.

— Je voudrais pouvoir en dire autant !

Vincenzo haussa les épaules, montrant qu'il n'était pas d'humeur à plaisanter :

— Nous disons trois cent cinquante et cinquante, quatre cents et cent qui font cinq cents...

Pendant qu'Eduardo ramassait sa monnaie, Cyrus A. William jeta la photo de Rossi sur la caisse, sous les yeux de Matteini :

— Déjà vu ce type-là ?

Le coiffeur regarda fixement Leacok et, soupçonneux :

— Qui êtes-vous donc, signore ?

— Police..., chuchota l'Américain.

Puis, d'un ton normal :

— Vous le connaissez, oui ou non ?

— Non. Allez, au revoir, Eduardo... A toi, Amedeo, que je te refasse une beauté ; tu en as bien besoin !

Cyrus A. William eut l'impression que la gaieté de Matteini était forcée. Perplexe, il ramassa la photo et s'en fut, persuadé qu'il lui faudrait revenir rendre visite à ce coiffeur.

Tout en regagnant le commissariat, l'Américain songeait à ce que devait penser de lui Tarchinini le croyant parti pour les Amériques sans même être venu prendre congé. Il allait être quelque peu surpris de le voir apparaître!

— Signore... Hep! Signore!

Machinalement, Leacok se retourna et vit arriver en trottinant le client Matteini, celui qui se trouvait en même temps que lui à la caisse. Essoufflé, le bonhomme déclara:

— Ex... excusez-moi... si... signore... mais je n'ai plus mes jambes d'au... d'autrefois.

— Je vous en prie, remettez-vous...

— Avançons, voulez-vous? Il est inutile qu'on nous remarque.

Intrigué, il obéit, et les deux hommes se mirent à marcher l'un près de l'autre.

— Voilà, signore, je me mêle peut-être de ce qui ne me regarde pas, mais c'est au sujet de la photo que vous avez montrée à Matteini...

Le cœur de l'Américain se mit à battre plus vite.

— Et alors?

— Je ne comprends pas que Matteini vous ait dit qu'il ne le connaissait pas...

— Parce que vous le connaissez, vous?

— Bien sûr! C'est un client de Matteini — bizarre, je le concède — mais un client fidèle, un habitué, quoi! bien que, depuis lundi, je ne l'aie pas revu...

— C'est, en effet, curieux que Matteini ne se souvienne pas de lui ...

— N'est-ce pas? Je dois vous préciser que, d'ordinaire, je viens tous les soirs chez Vincenzo pour causer et cela faisait pas mal de temps que ce type m'intriguait... Il s'amenait une heure avant la fermeture et cédait sa place à tout le monde, comme s'il tenait à passer le dernier.

— Peut-être se sentait-il bien chez ce coiffeur ? Le plaisir de bavarder...

— C'est que, justement, il ne parlait jamais à personne !

Si Tarchinini fut surpris de voir entrer Leacok dans son bureau, il n'en laissa rien paraître et se contenta de remarquer :

— Je vous croyais parti pour Boston ?

— Sans vous dire au revoir ?

— Évidemment... Vous n'avez donc pas manqué votre avion ?

— Non, je n'ai plus eu envie de partir, tout simplement.

— Ah !

Cyrus A. William alla s'appuyer sur l'angle du bureau du commissaire :

— Tarchinini, je m'imaginais que c'était seulement en Amérique qu'on savait vivre, que le bonheur, le but de l'existence consistaient à arriver le premier, à gagner, toujours gagner contre tous les autres et qu'un homme ne vaut qu'en raison de son compte en banque. J'estimais qu'un peuple était d'autant plus grand qu'il possédait plus de dollars, d'usines, de blé, de matières premières...

Amusé, Tarchinini souligna :

— Vous confondiez la force et la grandeur !

— Je confondais bien d'autres choses encore ! Mais cette nuit, cette nuit seulement, j'ai eu la révélation qu'il y a un autre bonheur que celui de l' « American way of life », un bonheur très vieux qu'on ne nous a jamais enseigné et que vous connaissez de toute éternité...

— C'est-à-dire ?

— C'est-à-dire qu'il ne faut pas s'empoigner avec le

temps, mais le mépriser... se laisser aller au long des jours, profiter du soleil et de sa jeunesse. A Boston, quand je me promène la nuit, les flics de mon quartier me saluent parce qu'ils me craignent pour leur avancement, ils me respectent parce qu'ils ne m'ont jamais vu ivre, ils me parlent avec déférence parce qu'ils sont au courant de mes fiançailles avec Valérie Pearson, fille unique de Matthew D. Ovid Pearson qui vaut un sacré nombre de millions de dollars! Tandis que cette nuit j'ai failli me battre avec un flic, moi, Cyrus A. William Leacok, une bouteille de grappa à la main, alors que lui avait son pistolet, dans un bistrot où je me saoulais en compagnie du patron que je n'avais jamais vu!

— Formidable!

— Attendez! Cette nuit encore, j'ai fait la connaissance d'une fille qui s'appelle naturellement Giulietta, qui a des yeux comme je n'en ai pas encore admiré en Amérique et qui marche comme une déesse regagnant l'Olympe! Et j'ai rencontré aussi un vieux bonhomme en chemise, pieds nus, qui criait : « Viva il Duce! »

— Le moins qu'on puisse dire, c'est qu'il retardait, non ?

— Non, Tarchinini, il niait le temps! Il aimait le Duce et, se foutant de l'Histoire, il restait avec le Duce! Et vous me jugez assez idiot pour abandonner une ville où une concierge à qui vous demandez un renseignement réplique qu'elle vous trouve beau! Une ville où une amante désespérée part pour se jeter à l'eau et rentre chez elle en pensant à des futilités! Tarchinini, je vais vous dire quelque chose de grave, d'important : chez vous, même la mort a l'air d'une blague! J'avais raison, Christophe Colomb est un malfaiteur!

Le commissaire tira un mouchoir de sa poche et s'en tamponna les yeux. Cyrus A. William en eut l'éloquence coupée.

— Qu'est-ce qui vous prend? Vous pleurez?

— De joie, signore, de joie! Maintenant, je sais que vous aimez Vérone!

— Tarchinini, voulez-vous me faire plaisir?

— Si je le peux.

— Désormais, appelez-moi Bill.

— D'accord, mais pourquoi Bill?

— Parce que je ne peux pas m'appeler Roméo! et que je me nomme William, dont le diminutif est Bill... Oublions Cyrus pour ne pas faire rire Vérone à mes dépens!

— Entendu, mais vous m'appelez Roméo?

— C'est juré!

— Et maintenant, Bill, si vous me parliez de Vincenzo Matteini?

Lorsque Leacok eut terminé le récit de sa visite à Vincenzo Matteini et relaté l'incident de la photographie reconnue par un client, le commissaire conclut :

— Eh bien! je pense que nous touchons au but, Bill. Le mensonge de Matteini le désigne comme le coupable que nous cherchons. Je ne vous cache pas que cela me déconcerte un peu, car je ne vois pas ce que Lanzolini et Mica viennent faire dans l'histoire. Il est difficile d'admettre que Matteini ait assassiné Eugenio Rossi uniquement pour permettre à son employé de filer le parfait amour avec la femme de son client et que ledit employé l'ait remercié de ce service en le plaquant. Enfin, il est inutile de nous creuser la cervelle, il n'y a que Matteini lui-même qui puisse nous fournir les indications dont nous avons

besoin. Nous irons chez lui vers vingt heures, au moment
où il fermera son magasin : comme cela nous serons plus
à l'aise pour lui parler. En attendant, je vous propose
d'aller passer une heure ou deux à la terrasse d'*Academia*.

— Excusez-moi, Roméo, mais je préfère vous retrouver
là-bas.

— Ah !

— Je... je voudrais la revoir... je suis trop impatient
et demain, c'est loin !

A dix-huit heures, lorsque les établissements Maggin et
Holpes fermaient leurs portes, les employés des deux
sexes encombraient le vicolo Sorte d'une foule pleine de
cris et de rires. Cyrus A. William s'affola un peu en pensant que dans cette cohue il ne repérerait jamais Giulietta. Mais, à Vérone les amoureux sont spécialement
bien vus du ciel et, sans qu'il devinât comment la chose
avait pu se produire, un remous mit Giulietta en face de
lui. A sa vue, elle se troubla :

— Mais... ce n'est que demain que nous devions...

— Je sais, Giulietta, mais je n'ai pas pu attendre...
J'avais envie de vous revoir le plus tôt possible... tout
de suite...

Pour dissimuler son embarras, elle se mit à marcher
et Leacok lui emboîta le pas sans qu'elle montrât que sa
compagnie lui déplaisait.

— Je devrais me fâcher, signore...

— Ce ne serait pas bien !

— Et croyez-vous que ce soit bien de ma part
de me promener avec vous comme si nous étions
fiancés ?

— Et pourquoi ne le serions-nous pas bientôt ? lança-t-il sans réfléchir.

Il blêmit aussitôt en pensant à Valérie et à sa félonie. Loin de se douter du drame intérieur paralysant son compagnon, Giulietta crut à une émotion flatteuse pour elle et se contenta de murmurer, mi-fâchée, mi-amusée :

— On va vite en Amérique, signore, un peu trop vite pour nos habitudes...

— Je... je... vous prie de... m'excuser...

Elle ne sut pas que c'était à Valérie qu'il s'adressait et non à elle.

Sans se donner le mot, ils gagnèrent leur banc du tombeau de Giulietta et ils y prirent place, comme déjà des habitués. La jeune fille posa sa main sur celle de Cyrus A. William.

— Que voulez-vous exactement, signore ?

— Je me sens bien auprès de vous...

— C'est gentil... mais ça n'explique pas grand-chose... ? D'abord, c'est sûr que vous êtes Américain ?

— Vous ne me croyez pas ? Tenez !

D'un geste prompt, toujours sans réfléchir, il sortit son passeport et le lui tendit. Elle le repoussa ; il insista et ils firent tant et si bien que le document tomba à terre, qu'une photo s'en échappa, celle que Valérie y avait glissée en prenant congé de son fiancé. Négligeant le passeport, Giulietta ramassa la photographie qu'elle examina d'un coup d'œil rapide avant de demander sèchement :

— Votre maîtresse, sans doute ?

Voulant tout à la fois se défendre et protéger l'honneur de Valérie, il rectifia :

— Pas du tout ! C'est ma fiancée !

— Quoi ?

Elle avait poussé un cri tel que les passants s'arrêtèrent pour les regarder. Affolé de sa bévue, Cyrus chevrota :

— Je... je vais vous expliquer...

Mais les Italiennes sont difficiles à réduire au silence quand elles ont envie de crier :

— Je les connais, vos explications, et vous pouvez les garder ! Vous êtes tous les mêmes, vous autres les hommes ! Des sales menteurs ! Vous me dégoûtez !

Il voulut la retenir, mais elle se dégagea brutalement :

— Lâchez-moi ou j'appelle au secours !

Le cœur gros il dut la laisser partir. Elle fila sans se retourner une seule fois. Il comprit qu'il ne reverrait plus cette petite Giulietta et qu'il en serait très malheureux. Il remit son passeport dans sa veste et, pour se venger, déchira rageusement la photographie de Valérie, cause du drame.

Un vieil homme, qui avait assisté à la scène, s'assit près de lui.

— Elle est partie... pour de bon ?

L'Américain se sentait si abattu qu'il trouva tout naturel qu'un inconnu se mêlât de sa vie privée :

— Oui.

— Ah !... vous savez, il ne faut pas vous faire trop de mauvais sang... Les femmes, on ne sait ce qu'elles valent qu'à l'usage... C'est généralement trop tard. La mienne, Fulvia, quand elle était jeune, il n'y avait pas plus tendre, plus douce... Je l'ai épousée, certain que j'avais mis la main sur une perle...

Intrigué, Cyrus A. William examina son interlocuteur :

— Et alors ?

— Alors, maintenant je me dis que si elle avait agi comme votre compagne et qu'elle m'eût plaqué avant la noce, j'aurais été un sacré veinard !

Mélancolique, il ajouta :

— ... Seulement, je ne m'en serais pas rendu compte...

Le commissaire Tarchinini remarqua l'attitude étrange de son ami tandis que celui-ci le rejoignait à leur rendez-vous de la via Battesti.

— Alors, ces amours ?

— Mortes..., répondit-il d'une voix pitoyable.

— Non ? Déjà ?

— Pas de ma faute... Giulietta a découvert la photo de Valérie dans mon passeport et elle est partie sans vouloir m'écouter...

— Bah ! tout cela s'arrangera... ici, tout s'arrange toujours.

— Je ne crois pas.

— Enfin, Bill, que lui vouliez-vous, à cette jeune fille ?

— Je l'ignore.

— Curieux...

— Riez tant que vous voudrez, mais tout ce que je sais, c'est que je suis malheureux à l'idée de ne plus la revoir. Un point, c'est tout !

— Je n'ai pas du tout envie de rire, Bill, soyez-en sûr. Je n'aime pas voir mes amis tristes. Secouez-vous ! Quand vous aurez décidé ce que vous voulez faire, on tâchera de la retrouver, votre déesse. Pour le moment, c'est d'une autre histoire dont il faut nous occuper.

Le clocher de l'hôpital civil venait de lâcher les huit coups de l'heure. Vincenzo Matteini achevait de placer ses volets sur ses devantures où scintillaient toutes sortes de flacons et de tubes. Quand il eut terminé, il mit la main sur le bec-de-cane de la porte lorsque les deux policiers qu'il n'avait pas vu arriver l'encadrèrent.

— Vincenzo Matteini ?

Le coiffeur regarda Tarchinini :

— Oui, qu'est-ce que vous voulez ?

— Vous parler quelques instants.

— Mais je suis en train de fermer!

Cyrus A. William remarqua :

— Vous nous accorderez bien une minute ou deux ?

Vincenzo se retourna vers ce grand type et le reconnut :

— Ah! c'est vous qui êtes venu cet après-midi ?

— Oui. On entre ?

Matteini avait peur de ces deux hommes :

— Et si je refusais ?

Le commissaire intervint :

— Alors, je vous convoquerais pour demain dans la matinée au commissariat central. C'est ce que vous souhaitez ?

— C'est quand même un monde, qu'on ne puisse plus agir à son idée! Je croyais que la dictature était abolie ? J'ai dû me tromper...

— Je vous conseille vivement, signor Matteini, de parler sur un autre ton à des officiers de police.

— Mais votre ami m'a déjà interrogé ?

— Mettons que j'aie envie de vous interroger à mon tour.

— Ce sera long ?

— Aussi long que vous le désirerez, cela ne dépendra que de vous.

— Bon, eh bien! entrez, mais dépêchez-vous!

Ils pénétrèrent dans le magasin de Vincenzo qui, ayant assujetti le volet de bois de la porte, poussa le verrou intérieur et retira le bec-de-cane.

— Nous sortirons par-derrière. Il y a une porte qui donne sur la cour où je gare ma voiture. Sur ce, je vous écoute.

Tarchinini prit une chaise et s'y installa tandis que Leacok se glissait dans un fauteuil qu'il fit pivoter. Amer, Matteini souligna :

— Agissez comme chez vous, ne vous gênez pas surtout!

Le commissaire s'inclina :

— Merci. Signor Matteini, il paraît que vous n'avez pas reconnu la photo que mon adjoint vous a présentée cet après-midi?

— C'est un crime?

— Figurez-vous que c'est justement ce que nous cherchons à savoir et je remarque que vous êtes le premier à prononcer ce mot.

— Je suis encore libre de m'exprimer comme il me plaît, non?

— Pour le moment, oui. J'aimerais que vous nous parliez un peu d'Eugenio Rossi?

— Eugenio Rossi?

— Cet homme dont vous n'avez pas voulu reconnaître la photographie?

— Pas voulu reconnaître?

— Un de vos clients nous a affirmé qu'il le connaissait fort bien pour l'avoir rencontré plusieurs jours de suite dans votre boutique... C'est étrange que vous en ayez perdu le souvenir?

— Maintenant que vous me le dites...

— Vous vous le rappelez?

— Il me semble...

— Vous voyez? Vous aviez tout juste besoin qu'on vous rafraîchisse la mémoire, hein?

— Je ne savais pas qu'il s'appelait Rossi...

— Et c'est son nom qui vous fait vous souvenir de lui?

— Oui, parce que j'avais une cliente qui portait le même nom. Ce devait être sa femme.

— C'est sa femme, signore... C'est vrai qu'il est venu plusieurs jours de suite, vers le soir?

— Dix ou quinze jours...

— Curieux que vous ne l'ayiez pas reconnu sur la photo?

— Curieux ou pas, c'est comme ça!

— Et Lanzolini, vous vous le rappelez au moins, celui-là?

— Un beau salopard!

— Savez-vous si Rossi a pu le voir?

— Pas chez moi, en tout cas car, il venait juste de me plaquer lorsque ce Rossi a fait son apparition. Mais pourquoi me demandez-vous ça?

— Le métier, signor Matteini, le métier. Votre impression sur ce Rossi?

— Ma foi, c'était un homme bizarre...

— Dites-moi signor Matteini, pourquoi parlez-vous toujours de Rossi au passé, comme d'un mort? Vous savez qu'il est mort?

— Il... il est... mort ?

— On l'a assassiné, signore.

— Assassiné !... Et qu'est-ce que j'ai à voir dans cette histoire ?

— C'est ce que je m'efforce de découvrir.

— Et pourquoi venez-vous chez moi ?

— Parce qu'il a été tué alors qu'il sortait de chez un coiffeur...

— Et ce coiffeur, c'est moi ?

— Vous ne le pensez pas ? Voyons signor Matteini, avez-vous remarqué quelque chose d'anormal la dernière fois où vous avez vu Rossi ?

— Ma foi, non, il ne m'a pas paru plus anormal que d'habitude.

— Qu'entendez-vous par là ?

— Du premier soir où il rentré chez moi, il s'est conduit d'une drôle de façon, cédant son tour à qui voulait le prendre comme s'il tenait à passer le dernier, juste avant la fermeture... et depuis, il a toujours agi de même.

— Il ne vous a jamais confié pourquoi il se comportait de cette manière ?

— Jamais.

— Et vous ne le lui avez pas demandé ?

— Non.

— Si je comprends bien, il ne vous a jamais parlé non plus ?

— Le premier soir, quelques mots, et puis ce fut tout..

— Je vois... Eh bien! je vous remercie, signore de votre collaboration...

Matteini grogna :

— Il n'y a pas de quoi... Si vous voulez sortir, c'est par là.

— Nous vous suivons... Ah! cependant, vous possédez une voiture ?

— Oui, une six-chevaux Fiat.

— Et vous la garez dans la cour ?

— Enfin, dans un appentis ouvrant sur la cour.

— Seriez-vous le seul à posséder une voiture dans cet immeuble ?

— Je crois, oui.

— Et vous n'êtes pas sorti en voiture après la dernière visite de Rossi, lundi dernier ?

— Non.

— Leacok, voulez-vous demander à la concierge si elle peut confirmer les dires du signor Matteini ?

Et s'inclinant, aimable, vers Vincenzo :

— ... Vous nous excuserez, simple affaire de routine...

— Attendez!... Maintenant, ça me revient... J'étais tellement énervé par l'attitude de ce client exaspérant que je suis parti faire un tour, en effet... Je ne m'en souvenais plus... C'est stupide...

Tarchinini se fit encore plus froid :

— Disons encore que c'est curieux... Vous oubliez vos faits et gestes et il faut qu'on soit sur le point de les découvrir pour qu'ils vous reviennent en mémoire...

Matteini crispa les poings et s'approcha du policier.

— Je n'aime pas vos manières! Qu'est-ce que vous insinuez ?

— Je n'insinue rien, signore, je constate simplement.

— Vos constatations ne me plaisent pas!

— Si vous saviez comme cela m'est égal, cher signor Matteini... J'ai une proposition à vous faire.

— Une proposition ?

Le commissaire ordonna :

— Asseyez-vous, Matteini!

— Mais...

— Asseyez-vous!

Dompté, le coiffeur obéit. Tarchinini se pencha vers lui :

— J'entends partir d'ici avec la certitude que vous n'êtes pour rien dans la mort d'Eugenio Rossi...

— Mais puisque je vous dis que...

— Il y a longtemps que je ne crois plus ce qu'on me raconte... Alors, de deux choses l'une : ou vous restez avec mon adjoint pendant que je visite un peu les aîtres, ou vous venez avec nous au commissariat et, pendant qu'on recueillera votre témoignage, je ferai établir un mandat de perquisition et nous reviendrons tous ensemble. Choisissez!

Matteini paraissait terrifié. Tassé dans son fauteuil, il regardait les deux hommes et finit par gémir :

— Mais enfin, qu'est-ce que vous avez à vous acharner contre moi ?

— Qu'est-ce que vous décidez ?

— Agissez comme vous l'entendrez, mais je vous avertis, demain je déposerai une plainte!

— Demain, Matteini, il se sera sans doute passé bien des événements... Restez avec lui, Bill, je vais fouiner un peu.

Le commissaire pénétra dans la cuisine dont il referma la porte sur lui. Flegmatique, Leacok se mit une tablette de chewing-gum entre les dents et commença à mastiquer, en type pour qui le temps n'existe plus. Le coiffeur grogna :

— Je me demande ce qu'il peut chercher par là ?

— Le commissaire a ses méthodes...

— Mais ce qu'il a dit tout à l'heure... C'est une plaisanterie ?

Cyrus A. William mentit effrontément :

— Vous savez, par nature, il n'est guère porté à la plaisanterie.

— Alors, il me soupçonne d'avoir tué Rossi ?

— Il soupçonne tout le monde.

— C'est stupide.

— Le commissaire Tarchinini prétend que c'est à force de commettre des sottises qu'on finit par réussir quelque chose d'intelligent.

Ils se turent en voyant Tarchinini qui rentrait, le visage grave.

CHAPITRE VII

Il se fit un brusque changement dans l'atmosphère de la pièce. Suivant la démarche du commissaire à travers le salon et, bientôt ne pouvant plus maîtriser son impatience inquiète, Matteini cria plus qu'il ne dit :

— Alors ? Vous avez trouvé quelque chose ?

Tarchinini regarda le coiffeur mais ne répondit pas, continuant à inspecter la boutique, ouvrant les tiroirs, déplaçant les objets sur les toilettes et portant les mains un peu partout. Exaspéré, Vincenzo demanda :

— Si vous me révéliez ce que vous cherchez, je pourrais peut-être vous aider ?

— Où donnez-vous votre linge professionnel à laver ?

Surpris, le patron répliqua :

— Mais... chez Ghilberti, à San Pancrazio.

Le policier revint lentement vers lui :

— On vous le rend repassé, j'imagine, et prêt à être utilisé ?

— Évidemment ? Je paie assez cher !

Leacok devina que tout allait se jouer dans la minute qui suivait ; il se retint presque de respirer tandis que Tarchinini, empoignant les deux bras du fauteuil où Vincenzo était assis, approchait son visage du sien.

— Alors, pourquoi y a-t-il dans votre cuisine un peignoir et une serviette lavés mais non repassés ? Vous faites donc la lessive pour tromper votre ennui ? Et qu'est-ce que c'est que ces fragments de linge brûlé que j'ai trouvés dans...

Matteini sursauta et hurla :

— Vous mentez ! Il ne peut pas y avoir de fragments de linge brûlé puisque...

Il s'arrêta brusquement et ouvrit des yeux horrifiés comme s'il réalisait ce qu'il avait failli dire. Le commissaire insista doucement :

— Puisque... signor Matteini ?

— Laissez-moi tranquille ! Vous finirez par me faire raconter des bêtises !

— Ces bêtises, je les appelle, moi, des aveux, signore...

— Je ne comprends pas ?

— Mais si, vous comprenez très bien ! Vous savez que je ne pouvais trouver les morceaux de la serviette dont vous vous êtes débarrassé en la jetant avec la valise de Rossi dans l'Adige vraisemblablement... La serviette qui était pleine de sang de votre victime !

— C'est faux !

Cyrus A. William se leva et, s'approchant à son tour du coiffeur annonça :

— Ça y est, cette fois, Matteini !

— Non.

Implacable, jouant de l'affolement de son adversaire, Tarchinini précisait :

— Vous l'avez tué dans son fauteuil et vous avez traîné son corps dans la cuisine.

— Prouvez-le!

— Et puis, la nuit venue, vous l'avez emporté sur le chantier de la berge.

— Vous mentez!

— Les hommes du laboratoire examineront votre voiture et, bien que vous l'ayez sans doute nettoyée, ils trouveront ce qu'il faudra pour vous faire enfermer jusqu'à la fin de vos jours!

Vincenzo eut un hurlement de bête forcée :

— Je ne veux pas!

— Et Rossi, voulait-il mourir lui ?

— Ce n'est pas moi!

— La sueur coulait sur le visage de Matteini, crispé dans son fauteuil, et Tarchinini d'un côté, l'Américain de l'autre imposaient l'idée de deux chiens de meute harcelant le cerf fourbu.

— Vous êtes perdu, Matteini!

— Non.

— Avouez et on vous laissera tranquille.

— Non.

— Pourquoi n'avez-vous pas voulu reconnaître sa photo ?

— Pourquoi avez-vous dit que vous ne saviez pas son nom ?

— Pourquoi avez-vous prétendu ne pas être sorti en voiture ce soir-là ?

— Pourquoi avez-vous lavé ce linge qui est dans votre cuisine ?

— Pourquoi ?

— Pourquoi?

Sous les questions alternées, Vincenzo dodelinait de la tête comme un boxeur durement touché et qui n'a plus bien conscience de l'endroit où il se trouve. Les policiers crurent qu'il allait céder, mais se prenant la tête à deux mains, le patron hurla :

— Assez! Assez! Assez!

— Vous n'avez pourtant rien d'un tueur, Matteini? Pourquoi avez-vous assassiné Rossi?

— Il vous menaçait?

Cyrus A. William laissa passer un court instant puis, comme se parlant à lui-même, il constata :

— Tuer avec un rasoir... C'est ignoble!

Spontanément, le coiffeur cria :

— Ce n'est pas avec...

Mais il s'arrêta court, la bouche ouverte, et Tarchinini lui tapa sur l'épaule :

— Comment le savez-vous?

Et le harcèlement inhumain reprit :

— Allons, vite, répondez!

— Vous venez de vous trahir! Pourquoi n'avouez-vous pas?

— Avouez et vous pourrez aller vous reposer.

— Avouez, Matteini, on vous en tiendra compte.

L'homme promena un regard hébété sur ses tortionnaires puis la tension qui semblait le galvaniser cassa d'un coup et, d'une voix sans timbre, il murmura :

— D'accord... Je vais tout vous raconter...

Il y eut un grand silence qui, succédant à la fièvre précédente, prit une ampleur démesurée. Le commissaire se redressa, pareil au bûcheron qui, l'arbre abattu, porte

la main sur ses reins fatigués. Leacok ne songeait pas à
mâcher son chewing-gum. Il remplit un verre d'eau, le
tendit à Matteini qui s'en saisit et but si gloutonnement
que le liquide coula sur son menton. Lorsqu'il eut reposé
le verre, Tarchinini s'assit en face de lui.

— Et maintenant, il faut nous dire pourquoi vous
l'avez tué?

— Je ne l'ai pas tué.

— Ah! non, Matteini! Vous n'allez pas recommencer?

Le coiffeur hocha la tête en homme qui a pris une résolution définitive. Il regarda le commissaire et lui annonça
calmement :

— Je n'ai pas tué Rossi, mais je suis incapable de le
prouver : ce qui revient au même, n'est-ce pas?

Sa peur semblait s'être envolée et les policiers furent
frappés du changement subit qui s'était opéré en lui.

— Je vous jure que je ne l'ai pas tué, mais je vous répète
que personne ne me croira, vous encore moins que les
autres...

— Et si vous nous laissiez le soin d'en juger?

— Il y a une douzaine ou une quinzaine de jours, j'ai
commencé à recevoir des lettres anonymes...

— Ah! tiens... Et à quel sujet ces lettres anonymes?

— C'est une si vieille histoire... continua Matteini en
hésitant. Elle remonte à l'époque où les Allemands quittaient l'Italie, où les fascistes se sauvaient... Moi, je
croyais que les uns et les autres mettraient tout à feu et à
sang sur leur passage, qu'ils prendraient des otages...
J'avais quitté Vérone avec ma femme Antonina et ma
fille Maria, venue nous rejoindre avec son fils Pietro — un
bambin de cinq ans — pendant que mon gendre gagnait

le maquis où il devait être tué. Nous nous étions réfugiés dans une maisonnette que je tenais de ma mère, près de Rovereto, sur la grand-route du Brenner. Un soir, un homme d'une quarantaine d'années, accompagné d'un gosse de quatorze ans à peu près, est venu me demander l'hospitalité...

Il soupira :

— J'aurais mieux fait de refuser! Après dîner, le gamin couché, nous sommes restés à bavarder. Nous avons bu et l'alcool lui a délié la langue. C'était un fasciste qui fuyait avec toute sa fortune dans une petite valise de cuir bleu qu'il ne quittait pas, ce qui m'avait, d'ailleurs, intrigué. Il me confia qu'il emportait soixante millions de lires... J'étais un besogneux, employé comme garçon coiffeur...

— Et vous avez volé votre hôte ?

— Oui, après l'avoir tué...

Il se tut, repris par des souvenirs auxquels sans doute, il n'avait jamais pu échapper...

— Il faut aller jusqu'au bout maintenant, Matteini...

— ... J'étais résolu à abattre le gosse à son tour, mais il a réussi à s'échapper... bien que blessé... S'il a survécu, il aurait l'âge de Rossi...

— Votre femme et votre fille étaient au courant ?

— Non. Elles ne se trouvaient pas à Rovereto ce soir-là. Elles visitaient les fermes de la montagne pour se procurer du ravitaillement... J'ai pu enterrer le corps sans qu'elles se doutent de rien...

— Mais la valise ?

— Plus tard, je leur ai dit qu'un inconnu me l'avait confiée et qu'il n'était pas revenu la chercher... Je pense qu'elles ne m'ont jamais cru... Elles se doutaient que je l'avais volée... D'ailleurs, Antonina me l'a dit sur son lit de mort...

— Qu'avez-vous fait de cette fortune ?

— J'ai pris juste ce qu'il me fallait pour m'installer ici... et puis je n'y ai jamais plus touché.

— Où l'avez-vous cachée ?

— Dans ma maison de Rovereto jusqu'à ces derniers jours où je l'ai ramenée...

— Pourquoi ?

— Pour la remettre à Rossi.

— Expliquez-nous ça ?

Matteini demanda encore un verre d'eau que l'Américain lui donna. Quand il eut bu, il se passa le dos de la main sur les lèvres.

— Ma femme et moi, nous nous aimions... Avant de mourir, il y a dix ans, elle m'a fait jurer de ne jamais me remarier et de rendre ce que j'avais volé.

— A qui ?

— A un prêtre pour son église... Ma femme était très pieuse.

— Mais vous ne l'avez jamais fait ?

— Je n'ai jamais osé.

— A part votre femme et votre fille, qui était au courant ?

— Personne... Si, mon petit-fils Pietro... mais je ne l'ai su qu'il y a deux ou trois mois environ... Pietro n'est pas bon à grand-chose et il a toujours besoin d'argent... Un après-midi, il est venu me trouver pour me dire qu'il avait appris par sa mère que j'étais très riche... Il voulait que je lui remette une grosse somme pour aller tenter sa chance aux États-Unis. J'ai refusé. Il m'a traité de voleur, disant qu'il était au courant. Nous nous sommes disputés et je l'ai flanqué à la porte.

— Et Rossi dans tout ça?

— J'y arrive... Il y a près de deux semaines, sitôt après l'apparition de Rossi, j'ai commencé à recevoir des lettres anonymes faisant allusion à ma faute ancienne. J'ai été affolé. Je ne comprenais pas... J'ai pensé à mon petit-fils, mais il m'a juré qu'il n'en était pas l'auteur. Le plus curieux, c'est qu'on ne me demandait rien dans ces lettres ; on ne me menaçait pas d'un châtiment précis... Je ne savais que faire.

— Attendez! Vous avez gardé ces billets qu'on vous adressait comment?

— Par la poste. Non, je ne les ai pas gardés, sauf le dernier...

— Faites-le-nous voir.

Matteini sortit son portefeuille — Leacok remarqua le tremblement de ses mains — et en tira un papier qu'il tendit au commissaire.

Un jour ou l'autre on doit payer. Que dirait-on à Vérone si on apprenait que le respectable signor Matteini n'est qu'un vulgaire assassin? Bonne renommée vaut mieux que ceinture dorée.

Tarchinini montra la lettre à Cyrus A. William.

— En lettres d'imprimerie collées... découpées dans un journal... Identification pratiquement impossible... Je le garde quand même... On ne sait jamais... Occupons-nous de Rossi, à présent? Nous vous écoutons Matteini...

— Je ne me suis pas méfié tout de suite... et puis son manège a retenu mon attention... Cette volonté qu'il manifestait de passer le dernier, de rester seul avec moi...

— Vous ne l'avez pas interrogé?

— Si. Le troisième ou quatrième soir... Je lui ai demandé pourquoi il tenait à demeurer jusqu'à la fermeture et il m'a répondu : « J'ai mes raisons. » Alors, j'ai voulu en connaître davantage. « Elles doivent être sérieuses, vos raisons? » ai-je remarqué. Il m'a regardé bien en face avant de répliquer : « Je veux récupérer ce qu'on m'a pris! » Alors, j'ai deviné que c'était lui qui m'envoyait ces lettres et, ma foi, j'en ai presque été soulagé sur le moment. Puis l'idée m'est venue qu'il pouvait bien être le gamin que j'avais failli tuer autrefois : autrement comment aurait-il su le crime? Il a continué à être là tous les jours et je devenais littéralement fou de peur. Samedi dernier, j'ai reçu le billet que vous avez lu et, le soir, je n'ai pas pu y tenir. Quand nous avons été seuls, je lui ai dit : « Alors, qu'est-ce que vous attendez? » Il m'a regardé en souriant : « Mon heure... et j'espère bien qu'elle ne va pas tarder à présent! »

— C'est à ce moment que vous avez décidé de le tuer?

— Je vous répète que je ne l'ai pas tué!

— Alors, qui?

— Je l'ignore. Dimanche, je suis allé à Rovereto. J'ai ramené la valise lundi. Je voulais la remettre à Rossi pour en finir. Le soir, lorsque nous nous sommes trouvés en tête à tête j'hésitais... Je ne parvenais pas à prononcer les mots qu'il me fallait dire pour lui annoncer que je tenais la fortune de son père à sa disposition. Je reculais l'instant de l'explication. J'ai été lâche, quoi! Je finissais de le raser lorsque le téléphone a sonné. Une voix que je ne connaissais pas me prévenait que ma fille venait d'avoir un accident à la piazza Cittadella, qu'elle était trop mal pour qu'on puisse espérer même la transporter à l'hôpital. Le moindre mouvement risquait de la tuer. On me disait qu'elle me réclamait. J'aime beaucoup ma fille, bien que nous nous voyons peu. J'ai perdu la tête et je suis parti en criant à Rossi que je revenais tout de suite.

Matteini reprit haleine, essuya la sueur qui ruisselait sur sa figure, puis :

— Il n'y avait personne à la Cittadella... et nul n'avait entendu parler d'un accident... Je n'y comprenais rien... Quand je suis rentré, je n'ai pu que constater la mort de Rossi... On l'avait tué avec mon revolver... celui dont je m'étais servi, autrefois, pour abattre son père et que je gardais dans mon tiroir-caisse.

— Et la valise?

— Elle avait disparu.

— Vous n'avez soupçonné personne?

— Non. J'étais abasourdi. La valise avait disparu et j'avais un cadavre dans ma boutique...

— Pourquoi n'avez-vous pas prévenu la police?

— Pensez-vous qu'on m'aurait cru? Il m'aurait fallu parler du vol et de mon crime... Non, j'étais pris dans une nasse... Je n'avais aucun moyen d'en sortir... Ma seule chance était de me débarrasser du corps de Rossi.

— Comment vous y êtes-vous pris?

— Pourquoi me le demandez-vous puisque vous le savez?

— Simple vérification de nos hypothèses.

— Eh bien! j'ai attendu que tout le monde dorme dans la maison. J'ai sorti ma voiture. Je l'ai amenée jusqu'à ma porte sur la cour et j'ai porté Rossi dedans après avoir arrangé un pansement épais pour éponger l'hémorragie...

— Qu'est-ce qui vous a incité à le déposer dans ce chantier abandonné du bord du fleuve?

— Le hasard... Le dimanche précédent, en me promenant, j'avais remarqué cet endroit sans y prêter autrement attention... Et puis, je suis rentré pour tout nettoyer... Sur la berge, j'avais entassé les linges souillés dans la valise lestée de pierres... Naturellement, j'avais enlevé toutes les marques... C'est en revenant que je me suis aperçu que j'avais oublié le revolver... Je ne sais pas pourquoi je l'ai gardé... Enfin, je pensais bien que tout le monde croirait que Rossi s'était suicidé... Ça a raté... tant pis!

— Comment s'appelle votre petit-fils?

— Pietro Grinda.

— Où habite-t-il?

— Avec sa mère, à San Giovanni Lupatoto. Pourquoi?

— Parce que si vous n'êtes pas le meurtrier de Rossi, il faut bien que ce soit quelqu'un d'autre...

— Et vous vous imaginez que ce peut être Pietro? C'est impossible, voyons! Pietro est un paresseux, d'accord, mais pas un criminel!

— Qu'en savez-vous?

— Mais Pietro ignorait que j'étais allé chercher la valise à Rovereto, et puis, pourquoi aurait-il tué Rossi? Il n'en soupçonnait même pas l'existence!

— Le plus simple est de croire que vous avez menti,

Matteini, et que vous avez assassiné Rossi... Bill, il faut
nous renseigner sur l'origine de Rossi... Allons, Matteini,
préparez-vous, nous allons vous emmener... Je vous
arrête pour meurtre sur la personne d'Eugenio Rossi...
Il y a assez de présomptions pour qu'on ne puisse vous
laisser en liberté... Si vous êtes innocent, consolez-vous
en songeant que vous payez la dette d'autrefois...

Le coiffeur se leva péniblement. Il était devenu un
très vieil homme.

— Alors, tout le monde va être au courant... de ce
que j'ai fait jadis?

— Comment espérer le contraire?

— Ma fille... Pietro... on va leur rendre l'existence
impossible...

— Il fallait y penser avant, Matteini.

Matteini se redressa :

— Ce n'est pas juste.

— Et tuer celui qui vous demandait asile, était-ce
juste?

— Vous avez raison... En prévision de cet instant que
j'ai toujours attendu, j'avais rédigé une confession...

Il alla faire glisser un panneau de la boiserie derrière la
caisse, démasquant une cavité où il plongea le bras. Soudain, Tarchinini comprit qu'il venait d'être joué. Il cria :

— Matteini!

Mais l'autre se retournait, armé d'un pistolet dont il
les menaçait :

— Ne bougez pas, signori!

— Vous trouvez que vous n'avez pas encore assez de
sang sur les mains?

— Rassurez-vous, je n'ai pas l'intention de vous tuer.

Mais je ne veux pas aller en prison. Je vous jure que je ne suis pas responsable de la mort de Rossi. La fortune autrefois volée a disparu. Si je disparais à mon tour, pourquoi iriez-vous ennuyer ma fille et mon petit-fils ? Ils ne sont pour rien dans tout cela. Vous n'avez pas l'air d'un méchant homme. Je suis sûr que lorsque l'enquête vous aura appris que Maria et Pietro sont innocents, vous les laisserez tranquilles...

Il montra le pistolet.

— C'est avec cette arme que j'ai tué l'homme à Rovereto. Je n'ai jamais su qui il était car il avait détruit tous ses papiers... C'est avec cette arme qu'on a tué Rossi... C'est avec cette arme que je vais mourir... Ainsi, le cycle sera bouclé.

Tarchinini essaya de le convaincre de renoncer à son projet :

— Soyez raisonnable, Matteini !

— Justement... C'est la seule chose raisonnable à faire maintenant...

Avant que le policier ait pu esquisser un geste, il plaça le canon du pistolet dans sa bouche et tira.

Tarchinini avait accompagné Leacok jusqu'à son hôtel et, comme le bar n'était pas encore fermé, ils buvaient un dernier verre. Ils ne semblaient pas d'une humeur particulièrement folâtre. Cyrus A. William remarquait que son compagnon, quand il ne riait pas, quand il ne s'abandonnait pas à sa gaieté naturelle, paraissait presque vieux. Faisant tourner un verre vide, Roméo soupira :

— Après tout, il est peut-être préférable qu'il soit mort...

Leacok hésita, puis se décida :

— Je pense que si vous l'aviez voulu, il ne se serait pas tué...

Le commissaire leva les yeux vers son ami qui ajouta :

— Tandis qu'il discourait, vous pouviez lui sauter dessus... J'ai même l'impression que vous avez été sur le point de le faire.

— Ah! vous avez vu? De toute façon il était fichu... Comme ça, si sa fille et son petit-fils sont hors de cause nous pourrons exaucer ses dernières volontés et ne pas les ennuyer... Je souhaite qu'ils n'y soient pour rien l'un et l'autre.

— Moi aussi...

— Nous irons les voir demain. San Giovanni Lupatoto n'est qu'à quelques kilomètres.

Ils demeurèrent un instant silencieux, puis Tarchinini se leva :

— Il est temps d'aller dormir, Bill... une rude journée nous attend encore... Pour le moment, Vincenzo Matteini s'est suicidé ; personne n'a besoin d'en savoir davantage.

— Mais si ce n'est pas lui qui a tué Rossi?

— Si je le savais...

— Qui voulait se débarrasser de lui?

Tarchinini sourit :

— Je vous vois venir! Encore notre amie Mica dont vous ne digérez pas la désinvolture, hein?

Et, tapant sur l'épaule de son compagnon :

— Rassurez-vous, si elle est coupable, je n'hésiterai pas une seconde à l'arrêter!

A San Giovanni Lupatoto, un vieux qui vendait des oignons près de la gare leur indiqua la maison Grinda. Une demeure d'allure assez coquette qui paraissait agréable à habiter. Devant le perron, dont chaque marche portait un pot de géranium, s'arrondissait une sorte de terre-plein d'où émergeait la conque d'une fontaine asséchée. Une pergola quelque peu défraîchie menait au jardin à l'entrée duquel deux figuiers montaient la garde. Tout cela eût pu sembler cossu si l'on n'avait eu l'impression qu'un indéfinissable voile de vieillesse, d'usure enveloppait l'ensemble. Les marches du perron, fissurées par le gel, devaient broncher sous le pied ; la conque de la fontaine était sérieusement ébréchée tandis que sur le terre-plein les mauvaises herbes poussaient des offensives victorieuses. Des débris de poteries traînaient çà et là, un seau sans fond gisait dans un coin, un journal maculé à même le sol disait assez la négligence des propriétaires. Montrant l'ensemble, Tarchinini annonça :

— Autrefois, ce devait être une belle propriété... Sans doute appartenait-elle à un fasciste et Matteini l'aura-t-il achetée avec son butin... mais il ne paraît pas que sa fille ait les moyens de l'entretenir...

Un chien répondit par des aboiements furieux à l'appe de la cloche que le commissaire fit entendre en tirant avec précaution sur une corde qu'il craignait lui voir rester dans les mains. Le chien, qui devait être attaché quelque part, s'étrangla de colère et ses aboiements se transformèrent en râles peu engageants. Cyrus A. William soupira :

— J'espère qu'on ne rendra pas la liberté à cet animal qui se manifeste aussi bruyamment...

— Dois-je entendre, Bill, qu'un citoyen de Boston est accessible à la peur?

— Oh! ce n'est pas que j'aie peur, Roméo, mais je ne voudrais pas être mis dans l'obligation de courir de toute la vitesse de mes jambes sous peine de rentrer à Vérone en ambulance!

Enfin, une fenêtre, que les policiers ne voyaient pas, s'ouvrit et une voix autoritaire ordonna:

— Tais-toi, Annibal!

Une série de grognements allant decrescendo révélèrent qu'Annibal se résignait mal à la neutralité imposée. La même voix s'enquit:

— Il y a quelqu'un?

— La signora Grinda, per favore? demanda le commissaire.

Ces mœurs italiennes surprenaient toujours l'Américain. Aux U. S. A., quand on sonne à votre porte, on va ouvrir. Ici, il semblait que la mode consistait à entamer un dialogue préliminaire entre interlocuteurs qui ne se voyaient pas et qui, souvent, se ne connaissaient pas.

— Un momentino! Vengo [1]!

Cette promesse parut remplir d'aise Tarchinini tandis que le dénommé Annibal, par son silence subit, donnait à penser qu'il désapprouvait hautement l'armistice conclu et qu'ayant fait son devoir, il se désintéressait de la question. Bien qu'il fût quatre heures de l'après-midi, la signora Grinda devait vaquer à ses occupations dans une tenue réservée à l'intimité car lorsqu'elle se montra sur le perron, elle finissait de boutonner son corsage. Elle se présentait sous l'aspect d'une robuste femme, grande,

1. Un petit moment! j'arrive!

avec des épaules larges, le visage à peine marqué. Le sourcil épais rappelait l'exubérance pileuse de son père. Elle avait de beaux yeux et un sourire qui la rajeunissait. Comme chaque fois qu'il se trouvait en présence d'une femme, Roméo entama cette série de courbettes, de ronds de jambe et de dandinements gracieux qui exaspéraient l'Américain.

— La signora Grinda ?

En face, on gloussa et dans une révérence esquissée du buste, on chantonna :

— In che posso servivi [1] ?

Le commissaire assura qu'il n'entrevoyait pas de félicité plus grande, pour l'heure, que d'avoir quelques instants d'entretien avec la signora. Cyrus A. William, les mains dans les poches, éprouvait une furieuse envie de leur confier sa façon de penser mais il se retint, craignant de desservir la cause pour laquelle ils entreprenaient cette démarche.

La grille s'ouvrit dans un gémissement plaintif. Tarchinini et Leacok entrèrent et, à la suite de leur hôtesse, pénétrèrent dans la maison. La silhouette de la signora Grinda rappela à l'Américain Giulietta ; cela suffit pour l'emplir de tristesse et lui faire cracher le chewing-gum qu'il mâchait avec délice quelques instants plus tôt.

Introduits dans un petit salon, la signora Grinda s'empressa d'ouvrir les volets et le soleil éclaira la pièce ornée de fausses antiquités romaines et grecques. Au mur, un chromo encadré de pâtisserie dorée représentant César tombant sous le poignard de Brutus. Cette scène de meurtre ramena Cyrus A. William à la réalité du moment et Tarchinini fit les présentations :

1. En quoi puis-je vous servir ?

— Roméo Tarchinini, commissaire de police... et le signor Leacok, un Américain de passage à Vérone qui veut bien m'apporter son précieux concours dans l'enquête que je poursuis actuellement.

Ainsi que cela se produit toujours et sous toutes les latitudes, en entendant décliner la qualité de ses hôtes, Maria Grinda ne cacha pas son inquiétude :

— Des policiers? Pietro aurait-il fait une bêtise?

— Nous n'avons pas l'habitude de nous déranger pour des bêtises, signora... Où se trouve votre fils en ce moment?

Le visage subitement creusé, elle écarta les mains :

— Je ne sais pas... il doit traîner quelque part dans San Giovanni... à moins qu'ils ne se soit rendu à Vérone pour chercher du travail...

— Nous avons recueilli des jugements plutôt sévères sur Pietro Grinda...

Elle hocha la tête, accablée :

— Je m'en doute... Pourtant, moi qui le connais bien, je peux vous assurer qu'il n'est pas mauvais au fond... Seulement, il a la bougeotte... Il rêve de devenir riche tout de suite, sans trop se fatiguer... Que voulez-vous? J'ai été seule pour l'élever... Son père est mort alors qu'il n'était qu'un gamin... Ma mère lui passait tous ses caprices. Quant à mon père, il ne m'a été d'aucun secours, il ne pensait qu'à lui... Après la guerre, il m'a acheté cette maison où j'exerce mon métier de couturière... Depuis, il ne s'est plus occupé de nous...

— Pourquoi?

— Papa est un homme bizarre... plein d'idées extravagantes... égoïste aussi. Il aimait beaucoup maman et quand elle est morte il est devenu plus sombre encore, plus renfermé... les sottises de Pietro l'exaspéraient... Ils se sont heurtés... J'ai vainement essayé de les réconcilier... Il n'y a rien eu à faire... Si Pietro manquait de respect envers mon père, celui-ci refusait de montrer la moindre compréhension...

— Votre fils ne voyait jamais son grand-père?

— Pas depuis longtemps.

— Cependant, on m'a dit qu'il lui avait rendu visite il y a deux ou trois mois?

— Ah! oui!... A cette époque-là, Pietro s'était mis dans la tête de gagner New York, persuadé qu'il y ferait fortune... Il est allé demander l'argent du voyage à mon père... Il n'a rien obtenu.

— Votre père est riche?

— Son salon de coiffure marche bien.

— Comment se fait-il qu'il ne vous vienne pas en aide, à vous?

— Je ne sais pas...

— Et vous ne le voyez pas?

— Non.

— Pour quelles raisons?

— Parce que son genre d'existence ne me plaît pas!

— C'est-à-dire?

— Cela ne concerne que mon père...

Les deux policiers se regardèrent, perplexes. Parce qu'on était en Italie, Cyrus A. William demanda :

— C'est une allusion à sa maîtresse?

— Ah!... vous êtes au courant?

Tarchinini cligna de l'œil à son ami pour lui témoigner sa satisfaction.

— Oui... mais nous ne savons pas son nom et nous aurions besoin de la rencontrer au plus tôt.

— J'ignore qui elle est... Je sais qu'elle existe, c'est tout. Vous n'avez qu'à vous renseigner auprès de mon père.

Tarchinini reprit la parole :

— Ce n'est malheureusement plus possible, signora.

— Plus possible ?

— Vincenzo Matteini est mort hier soir.

— Mort ?

— Il s'est suicidé.

Visiblement, la nouvelle la prenait au dépourvu. Elle répéta :

— Papa est mort... Papa est mort...

Et puis, au lieu des larmes qu'on attendait, ce fut une explosion de fureur.

— C'est à cause de cette femme !

— Signora, je pense plutôt que c'est à cause de l'acte commis autrefois à Rovereto...

Elle se figea et blêmit jusqu'aux lèvres :

— Cela aussi... vous le savez... il fallait bien que ça arrive... Un vol ne porte jamais bonheur. Depuis que cette valise en cuir bleu est entrée chez nous, nous n'avons plus été heureux... nous étions des voleurs... Heureusement que nous n'y avons pratiquement pas touché... Je la rendrai aux autorités...

— Comment est-elle venue en votre possession ?

Maria Grinda raconta la scène qui s'était déroulé quinze ans auparavant. Les deux femmes revenant de leur course au ravitaillement et trouvant Vincenzo avec la valise confiée par un fuyard inconnu...

— Et vous l'avez cru?

— Non... Nous en avons souvent parlé, ma mère et moi... nous étions presque persuadées que papa avait volé cette valise... C'est pourquoi maman n'a pas voulu que nous profitions de ce qu'elle renfermait... enfin, à peine...

— Vous avez révélé ce secret à votre fils?

— Oui... un soir que j'étais en colère contre mon père, car il ne voulait pas m'aider à payer des impôts en retard et j'étais menacée de saisie. Il m'a fallu hypothéquer la maison. Je n'aurais pas dû mettre Pietro au courant... cela l'a braqué davantage encore contre son grand-père.

— Il pouvait espérer devenir riche à la mort du signor Matteini...

— Non... Pietro savait que si je mettais la main sur cette valise, je m'en débarrasserais de façon anonyme... c'est, d'ailleurs ce que j'ai l'intention de faire!

— Je crains que ce ne soit difficile, signora, la valise a disparu!

— Elle a... Oh! tant mieux!

Son cri était sincère; les policiers n'en doutèrent pas une seconde.

CHAPITRE VIII

Tarchinini et son ami revinrent à Vérone, convaincus de l'innocence des Grinda. Maria ignorait tout du crime paternel. Quant à Pietro, le mauvais sujet, il était rentré à la maison avant leur départ. Fidèle à l'image qu'il se faisait de lui-même à travers ses lectures et les films de gangsters, le jeune homme avait d'abord voulu jouer au dur, mais en comprenant qu'il s'agissait d'un crime, il s'était effondré. La peur balaya ses grands airs et il ne fut bientôt plus qu'un gamin poussé trop vite, sans aucune surveillance. Oui, il était allé voir son grand-père pour lui demander un peu de cet argent et le vieux avait refusé! Oui, ils s'étaient disputés assez violemment pour qu'on ait pu les entendre, bien que la porte de la cuisine ait été refermée... Oui, il savait que le pépé avait une maîtresse, mais il ne s'était jamais soucié de qui il s'agissait... Sûrement pas le genre de filles qu'il fréquentait! Pour le soir du crime, il avait un alibi paraissant sérieux. Invité à dîner chez les parents d'un copain — les Molari, de la via Strozzi — il était resté chez eux jusqu'à une heure du matin, ne pouvant abandonner une partie de morra qui lui avait rapporté trois cent cinquante lires.

Naturellement. Tarchinini vérifierait, mais d'ores et déjà les deux amis mettaient les Grinda hors de cause.

Ils comprenaient mieux à présent la sombre humeur de Vincenzo Matteini, obligé de vivre avec un secret qu'il ne pouvait confier à personne et qui l'étouffait. S'était-il ouvert à cette maîtresse inconnue dont l'existence venait de leur être révélée? Pourquoi l'aurait-il fait, alors qu'il avait cru devoir se taire vis-à-vis de sa femme qu'il adorait?

— En somme, mon cher Roméo, nous avons perdu notre journée...

— Le métier de policier est fait de centaines de journées perdues. Mais, éliminer un suspect est aussi important que la découverte d'un nouvel indice!

— De quel côté allez-vous diriger vos recherches maintenant?

— Je vais donner des ordres pour qu'on enquête sur la vie privée de Matteini, afin d'essayer de découvrir cette maîtresse, mais y parviendra-t-on? Cette femme nous sera-t-elle même d'un secours quelconque?

— Moi je continue à croire que nous ne devrions pas abandonner Mica Rossi.

— Vous avez la rancune tenace à Boston hein?

— Disons que les jolis filles nous y font moins facilement perdre la tête qu'à Vérone et lorsqu'elles sont coupables, nous envoyons aussi bien les vamps que les laiderons à la chaise électrique!

— Là! là! Bill, calmez-vous et ne vous forgez pas des idées sur nos supposées faiblesses envers les gentils minois... Mais nous n'estimons pas, comme vous, que le fait de tromper son mari soit un crime méritant le châtiment suprême!

— Et de le tuer? Ou d'aider à le faire?

— Ça, c'est une autre histoire qu'on ne peut aborder sans preuve solide. Le problème que nous avons à résoudre est difficile : ne l'attaquons pas avec des idées préconçues! Ce serait le seul moyen de nous y perdre sans espoir d'en sortir. Pendant que je rédige mon rapport sur notre visite à San Giovanni, offrez-vous donc un tour dans Vérone pour vous détendre. Puisque vous aimez cette ville maintenant, faites plus ample connaissance avec elle.

— Je suis bien moins sûr d'aimer Vérone qu'hier!

— Ah!... A cause de votre Giulietta, sans doute?

— Oui.

— Dites donc, Bill, sans vouloir vous fâcher, vous m'avez l'air aussi volage que Mica Rossi?

Le commissaire fut le seul à rire de sa boutade.

— Bon reprit-il, je vois que le signor Leacok est, pour l'instant, imperméable au charme italien. Dans ces conditions, s'il veut bien suivre les conseils de son ami Tarchinini, il va se payer une courte promenade pour se détendre les nerfs, puis il reviendra me prendre et nous irons ensemble dîner chez la signora Tarchinini.

— C'est très aimable à vous, mon cher Roméo, mais...

— Il n'y a pas de mais! Je ne tiens pas à vous laisser seul ce soir ; vous seriez capable de vous flanquer dans l'Adige ou de rencontrer une autre Giulietta et tout serait à recommencer!

— Pas de danger! Mais vous pensez que si j'annonçais que je vais me noyer, je serais capable de le faire?

— Ça ne prouverait pas qu'un Américain est plus intelligent qu'un Italien!

— Peut-être... mais, en tout cas, plus sincère!

— Sincère? Vous en avez de bonnes! Vous vous éprenez d'une demoiselle alors que vous êtes fiancé à une autre?

Leacok flanqua un coup de poing sur la table.

— N'abusez pas d'une confidence, Roméo, ce ne serait pas digne d'un gentleman! D'ailleurs, tout ce qui est arrivé, c'est de votre faute!

— A moi?

— A vous, à Vérone, à votre pays et à votre soleil! Je vais vous dire une chose, Tarchinini : cette Giulietta, je n'y pense même plus!

— Tant mieux!

— Je ne sais pas ce qui m'a pris... Je ne devais pas être dans mon état normal. Parce que le printemps montre le bout de son nez, je me suis imaginé que j'avais de nouveau vingt ans! Je n'aime et n'aimerai jamais que Valérie Pearson, avec qui j'aurai de nombreux enfants, que cela vous plaise ou non!

— Mais je vous assure, Bill, que je n'y vois aucun inconvénient!

— Et ne venez pas essayer de me faire perdre la tête avec vos Mica, Giulietta et toutes ces femmes que le Seigneur semble avoir rassemblées à Vérone uniquement pour mettre les meilleurs de ses fidèles à l'épreuve! Roméo si vous abordez encore ce sujet, je vous jure que je vous laisse tomber et que je repars immédiatement pour les U. S. A.? Vu?

— Vu !

— Maintenant, apprenez que je n'irai pas dîner chez vous, mais vous allez téléphoner à la signora Tarchinini qu'elle se prépare pour me rejoindre en compagnie de son mari au restaurant Filippi, dans la via Catteano, où je les attendrai à vingt heures... Si vous refusez, je vous donne ma parole que je me saoule... et que je serai alors capable de régler son compte à cette foutue ville !

Tarchinini se leva et, faussement grave :

— Signor Cyrus A. William Leacok, mon attachement à la cité qui me vit naître, tout autant que mon souci de l'ordre public ne me laissent pas le choix : au nom de ma femme et au mien, j'ai l'honneur d'accepter votre invitation !

Le hasard voulut que l'Américain, flânant dans les rues de Vérone en attendant le moment de rejoindre son hôtel pour s'y changer en vue du dîner auquel il avait prié les Tarchinini, s'arrêtât devant la vitrine d'un horloger-bijoutier pour y admirer une pendule en porcelaine de Saxe. Les aiguilles de cette pièce magnifique marquaient dix-sept heures quarante-cinq. Cette simple constatation déchaîna un réflexe spontané dans l'esprit de Leacok et, sans s'interroger sur les raisons ou les conséquences de son acte, il héla un taxi pour se faire conduire aux abords immédiats du viccolo Sorte. Les employés de Maggin et Holpes commençaient à sortir. Contrairement à ce qui s'était passé lors de sa précédente venue, il ne craignait pas de manquer Giulietta. Il était sûr qu'il la rencontrerait.

Elle le vit en même temps qu'il l'apercevait. Elle obliqua

pour l'éviter, mais il imita son mouvement et réussit à se trouver devant elle.

— Giulietta...

— Je vous en prie, signore, je vous ai déjà demandé de me laisser tranquille !

— Giulietta, je voudrais vous dire...

— Nous n'avons absolument rien à nous dire.

— Mais enfin...

— Non !

Le « non » lancé par la jeune fille fut assez fort pour attirer l'attention de ses camarades de travail. L'un d'eux s'approcha du couple :

— Des ennuis, Giulietta ?

— Simplement ce signore qui se trompe et me prend pour une autre...

Leacok tenta un dernier effort :

— Si vous vouliez m'écouter...

Le garçon se glissa entre elle et l'Américain :

— Puisqu'elle vous affirme que vous vous trompez, signore, vous feriez mieux de vous retirer.

Cyrus A. William hésita. L'envie le taraudait de se colleter avec cet imbécile à l'air bravache, mais à quoi cela servirait-il, en fin de compte ? Sans ajouter un mot il tourna les talons et s'en fut.

Au restaurant, Cyrus A. William avait commandé, après les hors-d'œuvre, des spaghetti « alla napoletana », flattant ainsi le penchant secret des Tarchinini et pour avoir l'occasion de dire à donna Giulietta que ceux mangés chez elle se révélaient bien meilleurs. Cette astuce avait parfaitement réussi et à la suite de cet hommage rendu à ses talents de cuisinière, la signora s'était jetée dans un monologue intarissable que ni les « scampi fritti »[1] ni les « piccata di vitello »[2] ne réussirent à suspendre assez lontemps pour que les deux hommes puissent placer un mot.

Au grand étonnement de l'Américain, Roméo ne semblait aucunement contrarié par le flux de paroles que sa femme répandait à propos de tout et de rien. Au contraire, il l'écoutait en souriant, la relançant d'un mot lorsque le souffle lui manquait, approuvant ses tirades, rectifiant ici et là un détail erroné. Cyrus A. William n'arrivait pas à admettre cette dualité dont son ami lui donnait un extraordinaire échantillon. A Boston, les flics demeuraient des flics, même en dehors du service ; ici, ils semblaient tout oublier de leur profession sitôt le seuil de leur bureau franchi. Ce ne fut qu'aux approches du dessert que Giulietta se calma. Elle laissa un court instant ses deux compagnons échanger quelques propos, puis repartit de plus belle. Cette fois, elle s'en prit directement à Bill :

— Avez-vous des nouvelles de votre fiancée ?

Pris de court, il faillit s'étrangler avec le morceau de « pasta frolla »[3] qu'il était en train d'ingurgiter. Il dut boire rapidement un grand verre d'eau pour éviter l'étouffement.

— Pas depuis quelque temps... à part un télégramme...

— Il lui est arrivé quelque chose ?

— N'avez-vous point parlé d'un télégramme ?

1. *Scampi fritti* : langoustines frites.
2. *Piccata di vitello* : escalopes à la poêle, déglacées au madère.
3. Pâte feuilletée.

— Ah! oui!... Oh! vous savez, chez nous, on préfère télégraphier ou téléphoner qu'écrire ; cela va plus vite.

— En Italie, c'est le contraire... n'est-ce pas, Roméo ? Je crois bien ne t'avoir télégraphié qu'une fois lorsque tu étais en stage à Rome et que ma grossesse me donnait des inquiétudes.

Abominablement gêné, Cyrus A. William dut entendre l'exposé complet des ennuis physiques que la jeune Alba avait causé à sa mère avant de venir au monde. Les voisins du trio n'en perdirent pas une syllabe mais ne parurent pas choqués le moins du monde. Ils semblaient même intéressés et Bill vit le moment où tout le coin du restaurant où il se trouvait allait se lancer dans une vaste discussion gynécologique dont les premiers mots eussent fait s'évanouir Valérie et scandaliser les Bostoniens distingués. Mais Giulietta n'était pas femme à s'entêter sur un sujet.

— Vous l'aimez bien, votre Valérie ?

Une pareille question! En public, par-dessus le marché. Incroyable! Positivement incroyable! Ces Italiens n'avaient donc aucune pudeur ? Ignoraient-ils que la « private life » est un domaine sacré où nul n'a le droit de risquer le moindre regard ? Il fut sur le point de répliquer assez sèchement, mais la signora Tarchinini montrait un si bon sourire, on devinait tellement qu'elle souhaitait de tout son cœur partager le bonheur d'autrui qu'il sentit fondre son irritation.

— Disons que j'ai pour elle beaucoup d'amitié.

Elle l'examina, stupéfaite :

— L'amitié, chez vous, ça suffit pour se marier ?

Sans attendre d'explication, sa véhémence soudain amenuisée, elle secoua la tête :

— C'est ahurissant... De l'amitié! En Italie, il faut autre chose, signore... L'amitié ne suffit pas pour accepter les enfants et les soucis de chaque jour...

Elle se tourna vers son mari :

— N'est-ce pas, mon mignon ?

D'entendre appeler le commissaire « mon mignon » parut tellement énorme à Bill qu'il feignit une fois encore de s'étrangler pour dissimuler sa gaieté derrière sa serviette. Heureusement, Giulietta reprit la direction de la conversation :

— Moi, je vous trouve très sympathique, signore Leacok, et c'est pourquoi je vous dis : méfiez-vous!

— Me méfier, signora, et de quoi ?

— Si vous vous mariez sans amour, l'amour se vengera un jour au l'autre!

— Oh! vous savez, il se peut que je tienne beaucoup plus à Valérie que je ne m'en rends compte.

— Nous allons voir!

Et, pour le plus grand plaisir des voisins du trio, elle entreprit de faire subir un examen sérieux à ce pauvre Bill qui aurait voulu être au diable.

— Êtes-vous jaloux ?

— Jaloux ? Ma fois, non.

Elle bondit sur sa banquette et, empoignant le bras de son mari, fit tomber de la fourchette de ce dernier le morceau de gâteau qu'il portait à sa bouche. Sur le revers et le gilet de Tarchinini, la crème laissa un feston doré. Mais Giulietta avait l'esprit ailleurs :

— Tu entends, Roméo ? Il n'est pas jaloux et il se croit amoureux!

Il parut à Cyrus A. William que la salle tout entière partageait la stupeur indignée de la signora qui continuait, pareille au vieux guerrier qui pour donner plus de poids à ses récits exhibe les cicatrices de ses blessures :

— Roméo, tu te souviens quand tu as failli te battre avec ce grand qui m'avait caressé le bras au Ristori ? Et cette fille de San Pancranzio à qui tu avais donné rendez-vous, monstre, alors que nous étions fiancés ? Ah! sang du Christ! Je lui ai arraché une bonne poignée de cheveux! Et cette veuve qui te faisait les doux yeux pendant que j'attendais Rosanna... Si je ne l'ai pas tuée, celle-là, c'est que le bon Dieu ne voulait pas que j'aille en prison!

Loin de sembler embarrassé par le rappel public de ses exploits, le commissaire arborait le sourire discret de l'élève qui vient de remporter tous les prix et dont les parents vantent les mérites. Enthousiasmé, un voisin se leva et demanda la permission à Tarchinini de boire à la santé de la signora qui avait si bien parlé de l'amour tel que l'entendent les Véronais. Le commissaire accepta aux applaudissements des clients les plus proches et qui regardaient l'Américain avec curiosité, se demandant visiblement quel pouvait bien être cet Iroquois tombé du ciel. Roméo crut arranger les choses en expliquant :

— C'est un Américain...

Il y eut un grand silence, au cours duquel Bill eut l'horrible impression de sentir la pitié l'envelopper comme une chose réelle, palpable.

— ... Et c'est mon ami!

Sur ce, le maître d'hôtel déposa sur la table une bouteille de champagne offerte par un client au signore américain. Un peu troublé devant ce don inattendu, Cyrus A. William décida qu'il y en avait au moins un qui se souvenait des services que les U. S. A. avaient rendus à l'Europe et il

voulut absolument lui serrer la main. Il pria le maître
d'hôtel de demander au généreux donateur de se faire
connaître. Le garçon remplit sa mission et un individu qui
ressemblait à un notaire se leva de la table où il finissait
de dîner seul, pour se diriger vers lui. Il s'inclina profondément devant Giulietta tout en se présentant :

— Silio Lasteri.

Quand les coupes furent remplies, Cyrus A. William
leva la sienne en disant d'une voix assez forte pour être
entendu du plus grand nombre possible :

— Signore, permettez-moi de vous confier que je considère cette bouteille de champagne que vous avez eu la
courtoisie de m'offrir...

Mais il ne put continuer, car un Italien ne saurait entendre quelqu'un prononcer un discours sans en faire un à son
tour et même avant son tour, si bien que le signor Laster[i]
coupa fort cavalièrement la parole à Bill pour lui affirmer :

— Signore, j'ai été élevé dans la religion catholique,
qui nous impose d'agir de notre mieux pour soulager la
misère d'autrui. Il n'est pas en mon pouvoir, hélas! de
faire que vous ne soyez pas américain, mais, par cette
humble bouteille, j'ai tenu à vous exprimer toute la part
que je prends à votre disgrâce et combien je regrette que
vous ne soyez pas né sous notre soleil italien! le plus
beau, le plus chaud du monde!

Bouleversée, l'assistance se leva et entonna l'hymne
national. Cyrus A. William fut bien contraint de se lever
comme les autres. Tremblant de colère rentrée, il lui
fallait reconnaître que tous ces gens-là, au lieu d'admirer,
d'envier le solide ressortissant de la nation la plus riche du
monde, le plaignaient!

Au moment où l'Américain, enfin débarrassé des Tarchinini, pénétrait dans le hall de son hôtel, un groom se
précipita vers lui :

— Signor Leacok, il y a un signore qui vous attend au
salon.

— Ne dites pas que je suis rentré. Je suis fatigué et je
vais me coucher.

— C'est que signore...

— Quoi ?

— Il attend depuis presque trois heures déjà et c'est
un de vos compatriotes ?

— Un Américain ?

— Si, signore.

— C'est bon...

Il se dirigea donc vers le salon, maudissant cet importun
qui retardait l'heure de son repos et se promettant de le
renvoyer en vitesse. De la porte, il jeta un coup d'œil
pour voir le personnage et brusquement une voix familière
lança :

— Hello, Cyrus !

Raide d'étonnement, il vit venir à lui de derrière la
colonne où il se dissimulait, Matthew D. Ovid Pearson
lui-même. Le Bostonien tapa amicalement d'une main sur
l'épaule du fiancé de sa fille tandis que de l'autre il broyait
la dextre que Leacok avait eu l'imprudence de lui tendre.

— Sacré cher vieux garçon ! Je suis rudement content
de vous revoir !

— Vous êtes seul ?

— Pensez-vous ! Valérie est là, mais je ne lui ai pas
permis de vous attendre, au cas où vous seriez rentré accompagné !

Pearson s'esclaffa et bourra les côtes de son futur gendre de solides coups de poing amicaux.

— Content, Cyrus?

— Mais, bien sûr... Un peu surpris, cependant...

— Surpris?

— Dame! Rien ne pouvait laisser prévoir votre arrivée.

— Comment! Et vos télégrammes?

— Mes télégrammes?

— C'est bien simple, Valérie a failli en devenir folle! Mais, enfin, quel curieux besoin aviez-vous de lui télégraphier chaque fois que vous étiez saoul? Remarquez que j'ai un oncle qui, dans ces mêmes moments, télégraphiait à l'évêque de Canterburry.

— Pourquoi à l'évêque de Canterburry?

— Ah! ça, on ne l'a jamais su, car lorsqu'il était à jeun, il affirmait n'avoir jamais entendu parler de ce prélat.

— Pearson, je ne me suis jamais enivré de ma vie! Je vous donne ma parole.

Le père de Valérie le regarda avec étonnement.

— Dans ce cas, à quoi rimaient ces télégrammes idiots?

Cyrus A. William se souvint alors qu'en effet, il avait bu plus que de raison à deux reprises.

— C'est-à-dire... je ne me rappelais plus... mais, en effet, par deux fois... je me suis laissé aller... à... à abuser d'un certain alcool... excellent d'ailleurs... qu'ils ont par ici et...

Pearson poussa un soupir de soulagement.

— J'aime mieux ça! Vous commenciez à m'inquiéter! Mais je ne pouvais pas dire à Valérie que son fiancé se saoulait... Notez que j'aurais bien insinué que c'était le chagrin d'être séparé d'elle qui vous poussait à ces excès;

mais vous la connaissez, elle ne m'aurait pas cru. Vous
savez qu'elle tient beaucoup à vous ?

— Mais, moi aussi !

— J'en suis moins sûr, mon garçon ! En tout cas, nous
sommes venus vous chercher.

— Me chercher ?

— Départ après-demain, treize heures... je n'ai plus
très bien l'horaire en mémoire... Vous vous mariez dans
cinq semaines. Toutes les invitations sont lancées. Il faut
bien cinq semaines pour préparer la cérémonie et faire
faire vos costumes. Content ?

— Naturellement...

Pearson trouva, sans doute, que cette affirmation manquait de conviction, car il se remit à examiner son futur
gendre d'un œil encore plus soupçonneux.

— Ouais, je crois que Valérie a bien agi en me persuadant
de venir vous chercher. Sur ce, allons nous coucher. Je tiens
à ce que demain vous soyez tel que ma fille est en droit
de vouloir vous voir. Je peux compter sur vous, Cyrus ?

— Bien sûr...

Alors qu'ils prenaient leurs clés, Pearson s'enquit à
mi-voix :

— Dites donc, Cyrus, cet alcool qui vous a joué de si
mauvais tours, il n'y aurait pas moyen d'y goûter ?

Cyrus A. William Leacok luttait avec la force du désespoir contre un agresseur dont il ne distinguait pas le visage
mais qui cherchait à l'étouffer. Soudain, son adversaire
lui enfonça une vrille dans le crâne et, sous l'abominable
douleur, l'Américain poussa un tel cri qu'il se réveilla
pour constater que la sonnerie du téléphone résonnait

inlassablement, martelant sa tête douloureuse. Avant de décrocher, il jura, mais avec une force qui n'était pas à la hauteur de sa mauvaise humeur. Une voix aimable, ne semblant nullement affectée par l'espèce de râle qu'il avait éjecté en guise de réponse, lui annonça qu'une dame attendait depuis une heure un quart que le signor Pearson ou le signor Leacok veuille bien lui faire l'honneur de partager son breakfast. Le correspondant ajouta qu'il se révélait au-dessus des forces humaines de réveiller le signor Pearson ; c'était, d'ailleurs, la raison pour laquelle on se permettait de troubler son repos. L'image de Valérie proche de la crise de nerfs plongea Cyrus A. William dans une panique paralysante dont il s'arracha à grand-peine pour affirmer que dans un quart d'heure il serait en état de se présenter devant Miss Pearson.

Après avoir absorbé trois comprimés d'aspirine, l'Américain se mit sous la douche dans l'espoir que la fraîcheur de l'eau lui permettrait de rassembler ses idées et de comprendre ce qui s'était passé. Ses espérances furent déçues. Tout en nouant sa cravate, il s'interrogeait toujours sur les événements de la nuit à partir du moment où Matthew D. Ovid Pearson avait voulu comparer le whisky dont il faisait son ordinaire à cette grappa ayant eu raison de la sobriété de son futur gendre. De là, ses souvenirs se perdaient dans une brume épaisse qui, parfois, se déchirait pour laisser voir d'étranges tableaux à la réalité desquels il hésitait à ajouter foi. Par exemple, le très honorable Matthew D. Ovid tentant un équilibre impossible sur une table chargée de verres et de bouteilles et s'effondrant dans un fracas étourdissant sous les yeux attentifs du personnel de nuit, ou bien encore le même Matthew D.

Ovid disparaissant, emporté tel un cadavre par le portier aidé des garçons commis au transport des bagages! Mais ce qui l'inquiétait le plus, c'était de savoir ce qu'il faisait, lui, Cyrus A. William Leacok, pendant ce temps-là ?

Vingt-cinq minutes après le coup de téléphone qui l'avait réveillé, il s'engouffrait dans l'ascenseur. Au rez-de-chaussée, le réceptionniste le salua, imperturbable, mais au moment où l'Américain lui remettait sa clé, il lui chuchota :

— Signore, la petite note pour cette nuit, je la joins à votre compte ou à celui du signore Pearson ?

Leacok sentit un grand vide subit dans l'estomac ; il balbutia :

— La note... ?

On lui glissa un papier dans la main. Il pâlit en constatant qu'il y en avait pour six cent trente-trois dollars de bris divers, de soins pour deux yeux pochés, des dents à remplacer et des indemnités de toute sorte. Cyrus A. William jugeant que Pearson était le premier responsable de cette histoire fit mettre l'addition à son compte. Le réceptionniste s'inclina, mais tint à ajouter :

— Signore, notre maison n'est pas habituée à des manifestations du genre de celle à laquelle vous avez cru devoir vous livrer cette nuit en compagnie du signor Pearson. La direction est navrée de vous faire savoir qu'elle serait heureuse de vous voir quitter au plus tôt les chambres que vous occupez, avant midi si possible ?

— Nous devons partir demain... ne pouvez-vous arranger les choses ?

— Je crains que ce ne soit difficile, signore.

Mais la vue d'un billet de mille lires lui fit admettre que ses craintes étaient exagérées...

Valérie balançait entre l'envie de faire un scandale qui tirerait son père et son fiancé de la léthargie où ils semblaient plongés et l'angoisse d'avoir à s'expliquer avec des gens dont elle ne comprenait pas la langue. L'apparition de Cyrus lui rendit son équilibre et elle se prépara à lui dire ce qu'elle avait sur le cœur. L'œil froid, elle le regarda s'approcher, nota qu'il avait un teint blafard ; il était grand temps qu'il revînt au régime de la saine cuisine américaine. Intimidé, esquissant un maigre sourire sur les lèvres, il lança faiblement :

— Hello ! Val...

Auquel elle répondit par un très sec :

— Bonjour, Cyrus... Vous avez déjeuné ?

— Non, mais je vous remercie, je n'ai pas faim.

— Vous allez manger quand même, Cyrus.

Elle commanda au garçon un porridge épais et un thé léger dont la seule perspective barbouilla l'estomac douloureux de son fiancé. Il prit place en face de Valérie et mit le plus de chaleur possible dans sa voix pour s'enquérir :

— Bon voyage, Val ?

— Non... et je regrette que votre conduite nous ait obligés, mon père et moi, à une pareille expédition ! Que vous est-il arrivé, Cyrus ?

— Mais rien de spécial... sinon une certaine fatigue... Je suis sur une affaire criminelle compliquée et...

Elle lui coupa la parole :

— Vous allez laisser tout cela, Cyrus. La police italienne n'a pas besoin de vous pour régler ses histoires. Pour l'instant, ce qui compte, c'est notre mariage... Vous êtes bien d'accord, n'est-ce pas ?

En lui glissant son assiette de porridge gluant sous le nez, le garçon permit à Leacok d'éviter une réponse dont le manque d'enthousiasme eût paru suspect à Valérie. Plein de bonne volonté il porta la première cuillerée à la bouche et eut toutes les peines du monde à l'avaler. Il repoussa son assiette :

— Non, franchement, je ne peux pas !

— Mangez !

Valérie dardait sur lui un regard glacé et à l'idée que toute sa vie, désormais, ce serait la même chose, il manqua tourner de l'œil. Pour éviter une histoire et marquer sa bonne volonté, il accepta le sacrifice imposé. Stoïquement, il avala sa pâtée sous la surveillance de sa fiancée. Il dut boire deux tasses de thé coup sur coup pour retrouver son souffle.

— Vous avez vu papa, Cyrus ?

— Hier soir, oui.

— Il vous a mis au courant de la date de notre mariage ?

— En effet.

— J'espère que vous êtes content ?

Il soupira discrètement. Qu'est-ce qu'ils avaient donc tous à retourner le fer dans la plaie ? Matthew D. Ovid aussi voulait qu'il soit content ! Ils ne s'attendaient quand même pas à ce qu'il entonnât un cantique d'actions de grâces ?

— Naturellement, Val...

Elle minauda :

— Le contraire m'étonnerait ! Et maintenant, Cyrus, si vous me disiez ce qui est arrivé à papa ?

— J'imagine qu'il se repose...

— A dix heures du matin ?

— Pourquoi pas ?

— Ça ne lui ressemble pas! Lui qui est encore un vrai jeune homme...

Mais la voix de Valérie expira avec ce ralenti qui était l'apanage des phonographes mécaniques d'autrefois lorsque le ressort arrivait en bout de course et la fille de M. D. O. Pearson, perdant un instant son « self-control », fixa un regard désemparé droit devant elle. Intrigué, Leacok se retourna. Pareil à un navire ayant du mal à retrouver son équilibre après une tempête, le père de Valérie oscillait sur le seuil de la salle à manger. Cyrus A. William se demanda avec curiosité si c'était sa cuite nocturne ou la connaissance prise de la note des dégâts commis qui mettait son futur beau-père dans cet état. Apercevant les jeunes gens, Pearson se dirigea vers eux par secousses successives comme si on le halait.

— Ah!... vous êtes là... mes enfants...

Cette remarque chuchotée suggérait davantage l'ultime constatation d'un agonisant entouré des siens que la joie d'un père en présence de sa fille et de son fiancé. Raidie d'émotion, Valérie se dressa :

— Daddy... Qu'avez-vous ?

— Mal à la tête.

— Daddy! vous avez sûrement attrapé quelques-uns de ces microbes qui pullulent sur le continent... Il faut appeler un médecin!

— Mais non, Valérie, ne vous inquiétez pas... Simplement, la suite d'une... enfin, d'une nuit pénible...

— Vous allez prendre un jus d'orange et une assiette de porridge avec de la crème!

Leacok vit le visage de Pearson se contracter vilaine-
ment, mais Matthew D. Ovid ayant plus d'énergie que
lui, il affirma avec une vigueur retrouvée :

— Je vous rappelle, Valérie, que j'ai passé l'âge d'avoir
une nourrice.. Je vous prie de ne pas vous occuper de moi.
Filez plutôt vous promener avec Cyrus. Il vous fera découvrir Vérone. D'après mon guide, il paraît que c'est une
ville intéressante...

Un spasme stomacal mit un terme à son éloquence et,
se laissant tomber lourdement sur une chaise, il acheva
d'une voix mourante :

— N'est-ce pas ici que s'aimèrent Roméo et Juliette ?

Valérie pinça les lèvres en signe de désapprobation
avant de répondre :

— Je m'étonne, daddy, qu'au lieu de vous occuper de
votre santé, vous pensiez aux débordements immoraux de...

Son père l'interrompit avec un grognement de mauvais
augure :

— Ce n'est pas moi, Valérie, mais le dénommé Shakespeare !

— Cela importe peu si vous semblez l'approuver,
daddy, mais ce boy qui grimpe chez sa sweetheart par
une échelle de corde alors que ses parents donnent une
party avec toute la gentry de Vérone, c'est proprement
scandaleux ! Pourquoi n'empruntait-il pas l'escalier comme
tout le monde, si ses intentions étaient honnêtes ?

Ce fut à cette minute précise que Cyrus A. William
Leacok se mit à détester Valérie Pearson.

CHAPITRE IX

Ce dimanche d'un printemps tout neuf emplissait les rues et les places de Vérone d'une foule enveloppée de cris et de rires, d'une foule heureuse de s'agiter. Les vieux monuments perdaient leur solennité pour se réinstaller dans une jeunesse éternelle et personne n'eût été surpris de voir la Giulietta de la légende sortir de son tombeau, fraîche et pimpante dans la grâce de ses quinze ans, pour partir à la recherche de Roméo. Dès que le soleil caresse Vérone, toute la population de la ville oublie le reste du monde pour vivre dans son univers de fables et de rêves.

En dépit des suites de sa beuverie, Cyrus A. William sentait son cœur battre à l'unisson de celui de Vérone. Il était prêt à chanter et à rire pour peu qu'on lui en fournît l'occasion. Le miracle printanier voulait que subitement dans les veines de l'Américain coulât un sang italien. En cette heure dominicale, Leacok serait né sur les bords de l'Adige, entre le ponte San Francesco et le ponte Catena, qu'il ne se serait pas cru davantage Véronais. Il se moquait intérieurement de lui-même au souvenir de toutes les colères prises contre la ville que, sans le savoir, il avait aimée dès l'instant où il y posa le pied. Le rappel de sa Giulietta perdue — dont il retrouvait l'image dans les belles filles qu'il croisait — lui pinçait bien un peu le cœur mais sans l'incliner aux amertumes des jours précédents. Il vivait le moment présent et ne voulait plus se poser de questions. Et puis, à son oreille, chantait la voix de Tarchinini lui assurant qu'à Vérone tout finissait toujours pas s'arranger, surtout les histoires d'amour.

Oubliant la réception de sa fiancée, le départ proche, l'existence qui l'attendait, Cyrus A. William glissa son bras sous celui de Valérie et l'entraîna à grands pas, espérant contre toute espérance que l'enchantement agirait aussi sur elle. Malheureusement, l'héritière des usines Pearson se révéla tout de suite allergique au charme italien. Au lieu d'admirer, de se réjouir, elle ne cessait de pousser des interjections d'intensité variable quand elle avait sous les yeux la preuve du mépris général des Véronais pour l'hygiène et les bonnes mœurs telles qu'on les conçoit dans Lincoln Avenue. Un couple enlacé et qui s'embrassait avec passion dans le parc Regina Margherita faillit faire s'évanouir Valérie et un adolescent qui, au passage, lui cligna de l'œil, l'empourpra jusqu'aux cheveux. Elle s'arrêta pour déclarer sévèrement :

— Cyrus, j'aurai du mal à vous pardonner de m'avoir contrainte à venir dans cette ville abominable!

— Je ne vous y ai pas appelée, Val...

— Peut-être, mais je vous aime assez, cher, pour deviner quand vous avez besoin de moi!

Leacok serra les dents pour empêcher de jaillir la réponse qui lui montait aux lèvres. Inconsciente, l'autre poursuivait :

— Vous devriez m'en être reconnaissante, il me semble, au lieu de bouder. Et cessez donc pour l'amour de Dieu, de mâcher cette gomme, c'est écœurant!

Cyrus A. Williams jugea qu'elle avait dépassé la mesure et froidement s'enquit :

— Vous ne pourriez vraiment pas me foutre la paix, Valérie?

Si elle n'avait craint de se donner en spectacle aux sauvages autochtones, Miss Pearson serait tombée, privée de sentiment, afin d'obliger son compagnon à prendre conscience de la monstrusosité de son attitude. Elle préféra sangloter avec distinction. Embêté, Cyrus A. William lui prit la main.

— Je vous demande pardon, Val, je ne me reconnais plus...

La fille de Matthew D. Ovid hésita entre la vengeance et la grandeur d'âme. Elle opta, toute réflexion faite pour cette dernière.

— C'est bon, Cyrus... J'accepte vos excuses... Dès que nous serons chez nous, tout redeviendra comme avant j'en suis sûre...

N'osant pas proposer à son fiancé de regagner l'hôtel et de s'y claquemurer en attendant le moment de rejoindre l'aéroport, elle décida de ne pas voir cette ville qu'elle détestait d'instinct et de ne parler que de Boston en parcourant les rues de Vérone. Sur la piazza Erbe, elle décrivit

la toilette qu'elle porterait le jour de leur mariage. Devant
le dôme, elle demanda si Cyrus croyait possible d'inviter
les Hudson de River Street, bien qu'ils fussent tous deux
divorcés. A San Zeno, elle exposa les raisons de son choix de
l'hôtel Graham pour le lunch offert aux invités de la noce.
La vue de l'Adige ne lui suggéra pas d'autres réflexions que
celles, amères, suscitées par la raréfaction du personnel do-
mestique au U. S. A. en général, et à Boston en particulier.
Quand, devant le tombeau de Giulietta, elle s'interrogea
sur le montant du budget nécessaire en vue d'un confortable voyage de noce, Leacock faillit tout de bon l'assommer.

Dans la via Cappello, Valérie, inépuisable, continuait
à jacasser et Cyrus, morose, refrénait ses envies de meurtre
lorsqu'ils virent arriver sur eux un couple d'amoureux en
qui, avec une stupeur incrédule, l'Américain reconnut
Mica Rossi et Orlando Lanzolini. Ainsi, ces deux-là avaient
dupé la police avec leur prétendue rupture et jamais Mica
n'avait eu l'intention même la plus fugace, de se jeter à
l'eau. Dans ce cas, pourquoi cette comédie? Ses soupçons
latents à l'égard de la jolie veuve prirent une force nouvelle
et Leacock se persuada qu'en dépit de l'incrédulité amusée
de Tarchinini, c'était lui qui voyait juste et marchait sur
la bonne voie, celle qui devait conduire à l'arrestation de
l'assassin d'Eugenio Rossi. Plein d'une résolution farouche,
Cyrus A. William abandonna Valérie perdue dans le
récit des aventures quotidiennes de sa tante Margaret
avec son cuisinier japonnais et fonça sur le couple des
jeunes gens qui, en l'apercevant, marquèrent un temps
d'arrêt. Prenant soudain conscience de son isolement,
Miss Pearson lança un « Cyrus! » qui se perdit dans le
vacarme de la rue encombrée.

— Comme on se retrouve, hein ?

L'Américain avait mis dans sa voix tous les sous-enten-
dus menaçant dont il se sentait capable. Mica eut un
sourire timide qui la rendait encore plus charmante et
Lanzolini, affectant le plus grand détachement, remarqua,
conciliant :

— Vérone n'est pas tellement grand, vous savez...

Valérie rejoignit son fiancé et le prit par le bras. D'une
secousse, Cyrus A. William se dégagea.

— Laissez-moi, Valérie! Ce n'est vraiment pas le
moment!

— Mais... qui sont ces gens-là ?

— Je vous expliquerai...

— Présentez-moi, au moins ?

— Bon, si vous y tenez!... Signora Rossi... Signor
Lanzolini... Miss Pearson... une... une amie...

Rien que pour la mine apitoyée qu'elle crut devoir
prendre, Leacok aurait volontiers étranglé Mica. Mais
il se contenta de dire rageusement :

— Vous ne pensez pas que vous me devez une explication?

Lanzolini feignit la naïveté :

— A quel sujet, signore ?

— Au sujet de cette pathétique scène de rupture à
laquelle vous nous avez fait assister, le commissaire Tarchinini et moi-même, mercredi dernier. Vous vous êtes
bien moqués de nous, hein, avouez-le ?

— Pas du tout, signore, j'étais sincère... du moins à
ce moment-là.

— Aussi sincère que la signora Rossi jurant d'aller se
noyer ?

Mica arbora le plus tendre des sourires pour susurrer d'une voix plaintive :

— Vraiment, signore, à vous entendre on croirait que vous m'en voulez de n'être pas morte ?

Valérie, qui ne comprenait pas un traître mot de ce que le trio racontait, se perdait en suppositions quant aux rapports unissant cette jeune femme, ce jeune homme et Cyrus A. William. Tout d'un coup, il lui vint à l'esprit qu'elle assistait à une querelle due à la jalousie. Un flot de colère la suffoqua. Était-il possible que cette fille fût la vraie raison de l'engouement subit de son fiancé pour Vérone ? Intervenant dans le débat avec l'autorité d'une demoiselle dont le papa possède assez de dollars pour satisfaire tous ses caprices, elle ordonna :

— Cela suffit, Cyrus ! Vous vous donnez en spectacle, mon cher !

Leacock, que l'ironie moqueuse de ses interlocuteurs exaspérait, n'était pas d'humeur à supporter les remontrances imbéciles de sa compagne.

— Valérie, taisez-vous ! J'ai autre chose à faire qu'à écouter vos sottises !

— Mes sottises ? Comment osez-vous... ?

— Comme ça, chère Valérie, tout simplement. Et pour être tout à fait franc, j'ajouterai que pour l'heure vous me cassez les pieds. C'est clair ? Oui ?

Sous l'affront, Miss Pearson ferma les yeux, attendant que quelque chose d'immense se passât : un tremblement de terre, la chute de deux ou trois bombes à hydrogène ou la descente en piqué d'une légion céleste, mais rien ne se produisant, elle ouvrit les yeux, décidée à rejoindre seule son hôtel en abandonnant cet homme sur le compte duquel elle s'était si complètement trompée. Quand on pense que la semaine dernière encore, elle assurait à Clémentine Ogilvy — les Ogilvy des conserves de thon — que Cyrus A. William s'affirmait le plus empressé des fiancés et qu'il ferait le plus obéissant des maris! Dieu sait ce qu'elle raconterait, Clémentine, quand elle apprendrait que le mariage était rompu! En tout cas, Valérie pourrait marcher la tête haute, la responsabilité de la situation incombant à ce Leacok que l'air italien avait transformé en un rustre dont, maintenant, pour rien au monde, Miss Pearson ne voudrait encore pour époux. Toute une lignée de femmes autoritaires se dressait derrière elle pour la soutenir dans son combat, car depuis plus de cent ans, chez les Pearson, les mâles étaient réduits à la défensive. Valérie s'écarta de quelques pas en direction de ce qu'elle pensait être le chemin de l'hôtel, mais très vite, elle s'arrêta, se rappelant que ces maudits Italiens parlaient une langue incompréhensible et qu'elle serait incapable de leur demander, le cas échéant, de la remettre sur la bonne voie. La rage au cœur, elle dut se résigner à rester près de l'infâme Leacok en attendant qu'il eût fini de vider l'espèce de querelle l'opposant aux deux autres et dans laquelle à ce qu'il lui sembla, il paraissait perdre pied.

Irrité par le cynisme de Lanzolini et de Mica, Cyrus A. William, abandonnant les voies dégagées de la logique, se lançait dans de confuses prophéties.

— Écoutez-moi bien, tous les deux : vous n'êtes pas encore tirés d'affaire! Car enfin, Lanzolini, vous connaissez la vieille loi : le coupable est celui à qui le crime profite et c'est à vous que la disparition rapporte le plus!

— Elle me rapporte quoi, signore?

— Sa femme!

— Je l'avais déjà, signore...

Cyrus A. William accusa le coup et admit, en lui-même que la logique passait du côté de Lanzolini. Ulcéré, il s'adressa hargneusement à Mica :

— Et vous? La mort de votre mari ne vous apportait pas la liberté, peut-être?

La jolie veuve gémit :

— Mais, signore, qu'avez-vous donc à vous acharner après nous?

— Je déteste qu'on me mente!

— Je ne mentais pas, signore, et lorsque j'ai cru qu'Orlando ne m'aimait plus, j'ai voulu mourir!

— Pas longtemps!

— Pas longtemps, en effet, signore! Heureusement pour lui et pour moi...

Elle se mit à ronronner comme une chatte parce qu'Orlando la serrait tendrement contre lui tout en précisant à l'Américain :

— Je ne savais pas, signore, que j'aimais tant Mica, et mon premier mouvement a été de me sortir de toutes les complications où la mort de son mari risquait de me plonger, mais sitôt que le commissaire et vous avez été partis, j'ai eu honte... Pourtant, j'ai résisté un jour entier et puis, il a fallu que je lui revienne... Elle m'attendait... et tout le reste n'a plus eu aucune importance... A Vérone, signore, quand on s'aime et qu'il fait beau, que pourrait-on demander de plus?

Le souvenir de Giulietta vint calmer la mauvaise humeur de Leacok.

— C'est bon... mais faites attention tout de même que tant que l'assassin de Rossi ne sera pas arrêté, vous demeurez les meilleurs suspects.

Fataliste, Lanzolini haussa les épaules.

— Tant pis!

— Notez que si vous nous avez dit la vérité, vous n'avez rien à craindre, mais pour ne pas vous cacher ma pensée, Lanzolini, je crois que vous mentez.

— Comme vous voudrez, signore... Vous nous excuserez, mais je dois reconduire Mica chez elle.

Déjà, ils esquissaient un mouvement pour s'écarter lorsque la signora Rossi demanda :

— Signore, quelle est donc cette dame qui a l'air si fâchée ?

— Ma fiancée.

— Vous allez vous marier ?

— Il le faut bien...

— Alors, bonne chance!

Et, devant Miss Pearson aussi figée que la femme de Loth après son coup d'œil indiscret sur Sodome, Mica sauta au cou de Cyrus A. William et l'embrassa sur les deux joues. Orlando et sa bien-aimée se perdirent assez vite dans la foule pour ne pas entendre l'extraordinaire hurlement par lequel Valérie espéra libérer une indignation qu'aucun mot de la langue anglaise — à sa connaissance — n'était assez fort pour traduire. Cela tenait du feulement du tigre, du croassement du corbeau et de la plainte aiguë de la mouette. Un père de famille, qui passait juste à ce moment-là avec son fils, sauta sur place tandis que le bambin, tordu d'épouvante, hurlait à perdre haleine. Quand à Leacok, en sportif toujours prêt à admirer les exploits de qualité, il s'interrogeait sur la manière dont sa fiancée pouvait bien s'y prendre pour émettre un tel son. Il jugea que seules la maladie et la douleur étaient capables d'aboutir à un aussi étonnant résultat.

— Seriez-vous souffrante, Valérie ?

Au bord de la crise de nerfs, Miss Pearson, en guise de réponse, ne put que lancer un second hurlement tout aussi insolite et puissant que le précédent. Ce coup-ci, les promeneurs s'arrêtèrent et un agent accourut il s'en prit à Cyrus A. William :

C'est vous qui vous amusez à imiter la sirène d'alarme ?

— Non, c'est elle...

— Vous la connaissez ?

— C'est ma fiancée.

L'agent examina rapidement Valérie et conclut :

— Drôle d'idée... Enfin... Qu'est-ce qu'elle a ?

— Des tas de dollars.

— Pardon ?

— Vous me demandez bien ce qu'elle a de séduisant ?

— Mais non, signore, mais non, je vous demande pourquoi elle crie de si horrible façon ?

— Parce qu'elle est contente.

— Ah !

L'agent ne paraissait pas autrement convaincu ; alors lâchement, Cyrus A. William ajouta :

— C'est une Américaine...

Aussitôt, le représentant de l'ordre retrouva son sourire :

— Je me disais aussi...

Et dispersant les badauds, il expliqua, jovial :

— E un' Americana...

Leacok réalisait que pour ce brave garçon et pour ceux

qui lui obéissaient, de la part d'une représentante des U. S. A., tout était possible, et Valérie, esquissant une danse du scalp en poussant de vigoureux « iou! iou! » au milieu de la via Cappello, aurait amusé, mais n'aurait pas surpris, maintenant qu'on la savait américaine. Chaque peuple a ses habitudes, n'est-ce pas?

Dans l'état d'âme de Pierre entendant chanter le coq du reniement, Cyrus A. William appela un taxi, y poussa Valérie, y grimpa à son tour et jeta au chauffeur l'adresse des Tarchinini, via Pietra. Le trajet, bien que fort court, suffit à Miss Pearson pour exprimer à son compagnon tout ce qu'elle avait sur le cœur. Elle conta par le menu les invitations refusées pour se lancer dans cette absurde idée de voyage, les conséquences tragiques de cette escapade pour sa couturière, sa modiste et, en bref pour tous les fournisseurs qui rêvaient de faire de son mariage le clou de la « season » bostonienne. Il est vrai — commenta-t-elle — que ce mariage n'avait plus de raison d'être, maintenant que lui était apparu sous son vrai jour l'homme en qui elle avait, follement, mis toute sa confiance. Le chauffeur de taxi qui écoutait avec le plus vif intérêt, bien que ne comprenant pas un mot, mais le ton lui suffisait, approuvait le réquisitoire de Valérie par de vigoureux hochements de tête. Prenant une longue inspirations Miss Pearson passa au décompte de toutes les atrocités, vilenies, humiliations qu'elle subissait du fait de Leacok depuis son arrivée à Vérone et dont le sommet avait été atteint par ce baiser impudique que sa maîtresse lui avait donné sous ses propres yeux?

— Assez!

L'ordre fut lancé sur un tel ton que le chauffeur crut

qu'il s'adressait à lui et, épouvanté, il freina si brusquement que la voiture le suivant manqua d'emboutir son taxi. Cet incident donna lieu à un bref et grandiose échange d'injures où des aïeux depuis longtemps retournés à la poussière originelle furent pris à partie par des gens qui ne connaissaient leur existence passée qu'en se référant aux règles intangibles de la procréation des espèces. Quant à Valérie et à son fiancé, arrachés de leurs coussins par la brutalité du coup de frein, ils se trouvaient emmêlés entre le siège arrière et le dossier avant. S'étant dégagée, Miss Pearson tentait d'arracher ses lunettes à la paille de son chapeau qui lui couvrait la figure comme un masque d'escrime pendant que Leacok, à un travers de doigts de l'asphyxie, s'épuisait en vains efforts pour essayer d'expectorer la boulette de chewing-gum que le choc lui avait fait avaler et qui, pour l'heure, l'étouffait. Ayant recouvré la vue, Valérie s'affola en face du visage congestionné de son compagnon dont les joues viraient au violet et qui commençait à râler. Pleine de l'énergie première des anciennes femmes de pionniers marchant vers le Far West dans leurs chariots bâchés, la fille de Matthew D. Ovid donna un tel coup dans le dos de Cyrus A. William que ce dernier crut avoir été télescopé par un camion, et le hoquet de frayeur que suscita une semblable perspective, expulsa la gomme qui s'en alla s'écraser sur le pare-brise du taxi. Outré, le chauffeur se retourna :

— Faut plus vous gêner!

La gorge encore tuméfiée, l'Américain croassa :

— Votre faute!... Pourquoi ce coup de frein stupide?

Son interlocuteur appela à son secours tous les saints

pour lesquels il nourrissait une dévotion particulière afin qu'ils fussent témoins de la mauvaise foi étrangère :

— Malheureux! C'est vous qui m'avez crié de m'arrêter!

— Moi?... Je ne vous ai même pas adressé la parole!

— O Sainte Mère! c'est pas possible que votre Fils il permette des infamies pareilles? Alors, vous avez pas crié?

— Si...

— Tout de même?

— Mais je répondais à... à Madame...

— Vous répondiez...

Incrédule, le chauffeur fixa son client pour deviner s'il se moquait ou non de lui, puis, convaincu de sa franchise, il dit doucement :

— Ce serait y indiscret de vous demander de quel pays vous êtes?

— Amérique.

— Ah! c'est donc ça...

— Quoi, ça?

— Rien, rien... Vous avez pas nos manières, c'est tout...

Et reprenant son volant, il conclut dans un soupir, en bon chrétien :

— On peut pas vous en vouloir... faut vous laisser le temps.

Empoignant le dossier du siège avant à pleines mains, Cyrus A. William, prêt à se battre pour soulager l'exaspération l'habitant depuis qu'il avait rencontré Valérie, hurla :

— Le temps de quoi?

Tout en embrayant, le chauffeur eut un bon sourire :

— De vous civiliser, pardi!

Et il démarra, conscient de s'être conduit en grand frère compréhensif et sa sincérité s'affirmait si évidente que Leacok reprit sa place, désarmé.

L'incident avait renforcé Valérie dans son mépris pour les Italiens — même pas capables de conduire correctement leurs voitures! — sans lui faire négliger pour autant les raisons de sa juste colère motivée par l'attitude de son fiancé.

— A présent, Cyrus, je vous serais obligée de me fournir quelques explications d'abord sur cette créature sans pudeur dont vous n'avez pas eu honte de m'imposer la présence, ensuite sur vos intentions à mon endroit ?

Le regard absent, Leacok parut ne pas entendre. Intriguée, Miss Pearson se pencha vers lui :

— Cyrus... Je vous parle!

Toujours pas de réaction. L'œil vague, l'Américain paraissait plongé dans un état second qui le rendait indifférent à tout ce qui l'entourait.

— Cyrus?... Répondez-moi, voyons!

Comme il ne bougeait pas, elle l'empoigna par les revers de son veston et le secoua. Le chauffeur, qui les surveillait dans son rétroviseur, hocha la tête devant cette nouvelle manifestation de mœurs dont l'étrangeté le passionnait. La poigne de Valérie arracha à sa torpeur Leacok qui, aussitôt, s'empara des deux mains de sa compagne et s'y cramponna de toutes ses forces. Le chauffeur sourit. C'était chacun leur tour, quoi, de s'attraper. De drôles d'habitude tout de même...

— Val... Je ne suis pas fou, dites?

— J'espère bien que non, Cyrus!

— Nous sommes bien, vous et moi, citoyens des U.S.A. ?

— Mais oui !

— Val, faites attention à ce que je vais vous demander : les States ne sont-ils pas le pays le plus riche, celui où le niveau de vie est le plus élevé du monde, celui qui possède la plus grande flotte du monde, qui a construit les villes les plus gigantesques du monde ?

— Sans aucun doute.

Cyrus A. William poussa un soupir de soulagement.

— Merci, Val... Vous me rassurez, car à écouter ces gens de Vérone, je commençais à prendre conscience d'appartenir à un pays sous-devéloppé...

Le taxi arrêté devant l'entreé de la maison où logeaient les Tarchinini, Cyrus A. William pria Valérie de l'attendre un moment. Il devait rendre compte le plus tôt possible d'un fait nouveau à l'enquêteur avec qui il travaillait. Avant de le laisser s'éloigner, Miss Pearson tint à lui faire préciser qu'il l'aimait toujours. L'Américain se plia avec gentillesse à ce caprice. Mais sa fiancée ne s'estima pas encore satisfaite.

— Cyrus, si vraiment vos sentiments pour moi n'ont pas changé, quelle était cette personne qui vous a embrassé devant moi ?

— Mica ? Vraisemblablement une meurtrière qui a assassiné ou aidé à assassiner son mari et que j'essaie d'envoyer à la potence !

Farouche, Valérie opina :

— J'espère que vous réussirez !

Dans ce souhait si rageusement exprimé, Cyrus A William crut pouvoir deviner tout ensemble son pardon pour ses mufleries matinales et la permission de filer, ce qu'il fit aussitôt. La sérénité de Miss Pearson ne dura qu'un instant car bien qu'elle ne connût que de façon fort vague les mœurs véronaises, il lui parut — à la réflexion — difficile d'admettre que dans cette ville, criminels et policiers échangeassent des baisers dans la rue. Son fiancé l'avait abusée et, dans ce taxi — dont le chauffeur qui l'épiait se croyait tout de bon devenu un technologue qualifié — Valérie, pour la première foi, envisagea qu'elle pourrait bien ne jamais devenir Mrs. Leacok.

La famille Tarchinini ayant procédé aux ultimes préparatifs de sa toilette dominicale attendait dans le salon que Roméo donnât le signal du départ pour la messe. Giulietta Tarchinini, ayant rassemblé les plus jeunes autour d'elle, leur décrivait les félicités sans nombre dont ils seraient les heureux bénéficiaires dans un autre monde, s'ils se tenaient tranquilles pendant l'office. Si Alba et Renato semblaient déjà, avec des mines hypocrites, savourer les délices promises, Gennaro, Fabrizio et Rosana discutaient sur les gâteaux qu'ils choisiraient chez la signora Lasteri, la pâtissière de la via Santa Eufemia, au sortir de la cathédrale. L'apparition de Cyrus A. William, si elle suscita l'enthousiasme des enfants, gêna la signora Tarchinini qui n'aimait point être dérangée dans ses habitudes, surtout à l'improviste. Elle dirigea aussitôt le nouveau venu sur la chambre où le commissaire entamait le onze mille deux cent soixante-seizième round du combat qui depuis trente-cinq ans l'opposait à différentes variétés de boutons de col. Leacok, en s'encadrant dans l'ouverture de la porte, lui causa une telle surprise qu'il lâcha le damné bouton qui en profita pour se faufiler sous la commode. Tarchini se mit à genoux et pour ne pas retarder une conversation qu'il souhaitait aussi brève qu'inutile, l'Américain dut adopter la même position. Si Valérie avait vu ces deux hommes à quatres pattes, le menton au ras du sol, le derrière en l'air, elle eût été cette fois complètement persuadée que la folie sévissait à l'état endémique dans Vérone et que, de plus, elle se révélait contagieuse.

— Bill, apercevez-vous mon bouton de col ?

— Non, mais j'ai rencontré Mica Rossi !

— Pour l'instant j'eusse préféré que ce fût mon bouton...

— Et savez-vous avec qui ?

— Non...

— Avec Lanzolini !

— Et alors ?... Ah ! le voilà !

Ayant récupéré son bouton, le commissaire revint à la position verticale. Cyrus A. William l'imita.

— Roméo ? Vous ne comprenez pas ou vous ne voulez pas comprendre ?

— Quoi ?

— Que la comédie de la rupture qu'ils nous ont jouée prouve leur complicité ?

— A quel sujet ?

— Mais au sujet de l'assassinat de Rossi !

Tarchinini acheva de nouer sa cravate avant de répondre :

— Ce n'est qu'une affirmation, Bill, et pour la prendre en considération il faudrait d'abord démontrer comment Mica ou Orlando, ou les deux, pouvaient tout à la fois se trouver au restaurant et au salon de coiffure de Matteini. Tant que vous n'aurez pas résolu ce problème, mieux vaut laisser nos jeunes gens tranquilles.

— Je persiste à penser que vous commettez une erreur en négligeant ces deux-là!

— Je ne les néglige pas, Bill, et l'inspecteur Luppo ne quitte pratiquement pas Lanzolini d'une semelle. Tenez pour certain qu'il a assisté à votre rencontre. Et si cela vous intéresse, apprenez que votre suspect a passé la soirée d'hier avec une très jolie femme.

— Comment? Il trompe Mica?

Le commissaire enfila sa veste.

— Vous usez, mon cher, d'un vocabulaire trop précis. Lanzolini a le cœur vaste, voilà tout. Ce n'est quand même pas à nous de l'en blâmer si ces dames ne s'en formalisent pas?

Tarchinini sortit de sa chambre en emmenant son hôte. Dans le vestibule, il cria :

— Vous êtes prêts, les enfants?

Une sextuple affirmation lui répondit.

— Alors, on y va...

Sur le papier, Cyrus A. William prit hâtivement congé de toute la famille car une idée lui était venue qu'il voulait exploiter sans retard. Tout entier à son projet, il ne prêta qu'une oreille distraite au commissaire qui lui disait :

— Ce qui m'intéresserait bien davantage que les tendres exploits du signor Lanzolini, ce serait de découvrir la mystérieuse maîtresse de Matteini. Mais en dépit des efforts de nos inspecteurs, pas moyen de relever sa trace. J'en suis à me demander si Matteini n'a pas inventé cette femme introuvable dans le seul but de faire enrager sa prude fille et son impatient petit-fils...

Libéré, Cyrus A. William dégringola l'escalier en un temps qui laissa rêveur l'aîné des garçons Tarchinini qui, pourtant, s'affirmait maître en la matière. La concierge qui trouvait l'Américain si beau n'eut pas loisir d'alimenter son admiration car Leacok passa devant elle à une allure telle qu'elle crut de son devoir de se précipiter vers la cage d'escalier pour entendre si l'on criait : « A l'assassin! » ou « Au voleur! » tant il lui semblait incroyable qu'un homme n'ayant rien à se reprocher pût se comporter de la sorte. Quant au chauffeur de taxi qui, après avoir vainement tenté d'entrer en conversation avec Valérie à seule fin de lui donner quelques conseils sur la manière de traiter les hommes en pays civilisé, il s'était assoupi sur son volant et rêvait qu'il guidait une caravane d'anthropologistes dans la forêt amazonienne. Il fut arraché à son sommeil par un hurlement qui, emmêlant le songe et la réalité, jeta le pauvre homme sur ses commandes, la peur au ventre et pas assez réveillé pour admettre qu'on ne fuyait pas les Indiens dans les rues de Vérone. Il embraya et démarra d'une façon qui eût suscité l'enthousiasme de coureurs automobiles chevronnés. Leacok, qui avait crié l'adresse de Mica Rossi au chauffeur qu'il ne savait pas en train de dormir, mettait la main sur la poignée de la portière lorsque la voiture bondit littéralement et faillit le laisser sur place. Un réflexe des plus prompts lui permit d'ouvrir, mais il ne dut qu'à Valérie — qui l'empoigna par les cheveux et la veste — d'entrer à genoux dans le véhicule. Pendant ce temps, l'accélérateur au plancher, le chauffeur descendait la via Pietra en semant l'épouvante sur son passage. Un enfant ne dut la vie qu'à un cahot qui déporta le taxi d'un mètre sur la droite, mais il n'échappa pas à une jaunisse qui mit ses jours en danger. Grâce à sa souplesse, un chien qui rôdait en quête de nourriture parvint à effacer tellement son derrière qu'il put esquiver le choc, mais comprenant que la mort venait de le frôler, en bon chien italien, il improvisa toute une suite de hurlements en mineur pour dire l'horreur de cette éventualité, et ce fut de justesse que le chauffeur évita d'entrer d'un même élan chez la signora Chiafino, épicière, et dans la légende du quartier. Mais il ne reprit complètement ses esprits qu'en débouchant dans la via Ponte et il s'aperçut que s'il ignorait où il allait il s'y rendait au plus vite. Il ralentit et, se tournant à demi vers l'intérieur :

— Et alors, signore, où va-t-on comme ça ?

Cyrus A. William déglutit difficilement sa salive :

— Comme ça ? A l'hôpital sans aucun doute et peut-être au cimetière... Cependant, si vous n'êtes pas décidé à mourir tout de suite en nous entraînant avec vous dans la mort, ayez la bonté de nous emmener via Carducci, au 233, comme j'ai déjà eu l'honneur de vous en prier !

Livide, la pupille dilatée par l'angoisse, Miss Pearson, recroquevillée sur elle-même, s'occupait fébrilement à tenter de se mettre en règle avec le Bon Dieu dont elle était persuadée de faire bientôt la connaissance. En la contemplant, Leacock se rappela qu'il avait oublié d'annoncer à Tarchinini l'arrivée de sa fiancée et de son futur beau-père. Valérie émergea de sa méditation pieuse pour demander à son compagnon s'il avait, oui ou non, l'intention de la ramener à l'hôtel.

— Encore un tout petit peu de patience, Val, et si le ciel est avec moi, je pourrai partir demain en ayant donné une bonne leçon à un policier italien qui, tout brave type qu'il soit, se prend un peu trop pour une réincarnation de Sherlock Holmes!

CHAPITRE X

Au moment même où Cyrus A. William descendait de son taxi devant la porte de Mica Rossi, celle-ci la franchissait, toujours aussi rayonnante. Sur sa banquette, Valérie poussa un gémissement étouffé en constatant que son fiancé osait l'amener chez sa maîtresse pour la faire assister à leur rendez-vous. Pour Miss Pearson en effet, il s'affirmait indéniable que pour courir après cette femme avec tant d'acharnement, tant d'impudeur, il fallait que Leacok fût attaché à elle par des liens sur la nature desquels il n'était pas besoin de s'interroger longuement. Ulcérée, rêvant de vengeances, toutes plus cruelles les unes que les autres, elle se rencoigna dans le fond de la voiture, attendant l'heure bénie des règlements de compte.

— Encore vous ?

Cyrus A. William flotta un peu sous cette apostrophe où la surprise se mêlait à la raillerie.

— Il faut que je vous parle.

Coquette, elle prit la mine d'une chatte se trouvant en face d'une jatte de crème non surveillée.

— Savez-vous bien, signore, que cette obstination à me suivre pourrait donner à penser que ce n'est pas seulement le policier qui, en vous, s'intéresse à ma personne ?

— Je ne comprends pas ?

— Pas difficile, pourtant... Vous ne seriez pas amoureux de moi, par hasard ?

— Je vous assure...

— Et un peu jaloux d'Orlando par la même occasion ?

— Justement, signora, c'est de Lanzolini que je suis venu vous entretenir.

— Nous y voilà !

— C'est sérieux, Mica. Il faut absolument que vous m'écoutiez !

— Vous prononcez très bien mon prénom, signore...

Et elle prit une voix de gorge pour roucouler :

— ... Et vous ne le prononceriez pas si bien si vous ne m'aimiez pas... un tout petit peu ?

— Vous voudrez bien m'excuser, signora, d'une familiarité involontaire, mais quoi que vous en puissiez croire, je ne me sens pas du tout attiré par les femmes suspectes de meurtre.

— Oh ! encore ! Mais jusqu'à quand allez-vous me poursuivre avec ces soupçons stupides ?

— Jusqu'à ce que nous ayons arrêté le coupable.

— Voyons, signore, soyez raisonnable ? Franchement, vous me voyez tuant mon pauvre Eugenio ?

— Peut-être pas. Par contre, je vous vois très bien aidant Lanzoloni dans cette besogne !

— Vous détestez Orlando?

— Mes sentiments personnels n'ont pas leur place dans cette affaire.

— Que vous dites! Je vous jure qu'Orlando est incapable de tuer qui que ce soit!

— Permettez-moi d'en douter.

— Non! Je ne vous le permets pas! Orlando sait que je l'aime assez pour tout lui pardonner et il m'aime assez pour tout me raconter!

— Écoutez-moi, signora : Lanzolini n'est pas l'homme que vous vous imaginez.

— Je me doutais bien que vous en étiez jaloux!

— Plût au ciel que vous le fussiez, vous!

— Moi? Pourquoi?

— Parce qu'en apprenant — comme c'est le cas — que dès que vous avez le dos tourné, votre Orlando va rejoindre une autre femme, vous jugeriez de la qualité de la tendresse qu'il vous témoigne.

— ... Et je vous supplierais de me faire apprecier la qualité de la vôtre de tendresse?

— Non, signora. Le jour où vous admettrez que Lanzolini se moque de vous, vous cesserez d'être sa complice en le protégeant par votre silence.

— Le protéger de quoi?

— Du châtiment qu'il mérite!

Le sourire de Mica et son petit visage de poupée se firent sévères.

— C'est donc à cela que vous vouliez en venir? Vous inventez une vilaine histoire pour essayer de me brouiller avec Orlando et me pousser à vous aider pour le faire tomber dans vos filets? Parce que vous, qu'il soit coupable ou non, vous vous en fichez, pourvu que vous puissiez l'arrêter et l'éloigner de moi? Eh bien! perdez vos illusions, signore. Orlando m'aime et il n'aime que moi!

— Rien de plus aveugle que l'aveugle volontaire...

— Vraiment?

Rapidement, elle se déganta et plaça sa main nue sous le nez de l'Améri cain comme si elle voulait qu'il l'embrasse.

— Et ça, qu'est-ce que vous en dites?

Ça, c'était un superbe saphir entouré de petits diamants qui, sous le soleil de Vérone, jetaient mille feux. Un travail déjà un peu ancien, mais d'une finesse remarquable.

— Alors, signore, pensez-vous qu'un homme qui n'aimerait pas une femme lui offrirait un pareil cadeau?

— Parce que c'est Lanzoloni qui...

— Oui, hier soir... Il me l'a passée au doigt en attendant — m'a-t-il dit — d'avoir le droit d'y passer une alliance... Comment la trouvez-vous?

— Très belle.

Elle la contempla avec autant de tendresse que de fierté avant d'ajouter gentiment :

— Bien sûr, ce ne sont pas de vraies pierres mais tout de même elle coûte au moins trente mille lires!

Sans être un expert, Cyrus A. William avait eu assez souvent l'occasion d'admirer les parures des dames de la haute société bostonienne pour savoir que cette bague-là valait au bas mot trois mille dollars. Un instant, il s'interrogea pour deviner si Mica jouait la sotte pour tenter de le duper. Cependant, rien ne l'obligeait à montrer ce bijou que le gant dissimulait. Il opta, pour la sincérité de a veuve Rossi et, du coup, la débarrassa du soupçon qui pesait sur elle quant à la mort de son mari.

— Elle vous plaît?

— Je serais difficile...

— Orlando a dû dépenser une bonne partie de ses économies pour l'acheter. Et tout ça pour une femme qu'il n'aimerait pas?

— Vous avez raison, signora.

Aussitôt, elle redevint la gosse heureuse de vivre qu'il connaissait.

— Je vais rejoindre Orlando à l'*Academia*, je peux lui dire que vous ne nous soupçonnez plus de toutes ces horreurs?

— Si vous voulez...

— Oh! vous êtes un ange!

Et parce qu'elle ne devait pas connaître d'autre manière de témoigner sa reconnaissance, elle sauta derechef au cou de Leacok et l'embrassa fougueusement. Cyrus A. William se surprit à lui rendre ses baisers avec un certain plaisir sans songer une seconde que Valérie, les mâchoires crispées, l'observait. Quant au chauffeur de taxi, spectateur attentif, il se disait que si sa Lucia le voyait embrasser une autre femme, elle commencerait par arracher les yeux de celle-ci avant de régler son compte avec lui. Mais ces Américain ignoraient tout de l'amour.

Ceux qui auraient regardé Leacok les yeux fixés sur la silhouette de Mica Rossi s'éloignant, se seraient imaginé qu'il demeurait sous le charme de la captivante veuve. En réalité, il songeait que, pour avoir pu offrir un semblable cadeau à son amie, le dénommé Lanzolini

devait disposer de sérieuses réserves. D'ici à conclure
que ces réserves étaient essentiellement constituées par
la valise de Matteini mystérieusement disparue, la dis-
tance s'affirmait courte. Cyrus A. William la franchit
sans hésiter. Pour lui, il n'y avait plus de problème.
Le bel Orlando avait fait coup double en volant après
avoir tué. Il ne restait plus qu'à convaincre Tarchinini
d'arrêter Lanzolini et de le faire avouer ce qui ne serait,
sans doute, pas très difficile.

Persée se trouvant pour la première fois en présence
de Méduse dont il avait mission de rapporter la tête,
ne dut pas marquer un temps d'arrêt plus brutal que Cyrus
A. William ouvrant la portière de son taxi et se heurtant
à Miss Pearson dont il avait oublié l'existence. Si l'œil
flamboyant de Valérie ne le changea pas en pierre, du
moins le rendit-il au sentiment des convenances et à
l'inquiétude quant à son avenir immédiat. Pour masquer
son embarras, il arbora un sourire niais, ce même sourire
ornant le visage de tous les hommes fautifs devant les
femmes dont ils peuvent craindre légitimement le cour-
roux, et déclara sans grande conviction :

— Excusez-moi, Valérie, de...

Mais tout son frêle système de défense fut tout de suite
balayé par la voix sèche de Miss Pearson :

— Essuyez d'abord les traces dégoûtantes que vous
avez sur la figure!

Confus, Leacok se frotta énergiquement le visage pour
enlever les marques laissées par le rouge à lèvres de Mica.
Valérie le regarda procéder à cette toilette hâtive, puis,
tendue comme une corde de violon, usant d'une courtoisie pleine de fiel, elle s'enquit :

— A présent, auriez-vous l'obligeance de me confier ce qu'est réellement cette femme pour vous?

— Je vous assure, Valérie, que...

— Ne mentez pas, ce serait inutile et odieux!

— Je vous donne ma parole que...

— Cela suffit! Je ne vous crois pas! Ramenez-moi immédiatement à l'hôtel!

Le portier du *Riva San Lorenzo e Cavour* n'eut pas le loisir d'exercer son office. A peine le taxi s'était-il arrêté que Miss Pearson bondissait sur le trottoir, traversait le hall en tornade, réclamait sa clef sur le ton que Nelson dut employer à Trafalgar pour appeler ses équipages au combat, et s'engouffra dans l'ascenseur qui l'emporta. Pendant que Cyrus A. William le réglait, le chauffeur lui glissa quelques bons conseils :

— Faut pas vous laisser abattre, signore... Les femmes, quand c'est mauvais, c'est mauvais, et personne ne peut rien y changer, même pas le Bon Dieu Alors, c'est pas la peine de s'y essayer. Vaut mieux filer le plus vite possible parce qu'après, lorsqu'on est coincé, c'est pour un bout de temps... et votre dame, si vous voulez mon opinion, elle n'a pas tellement l'air compréhensive...

A peine Leacok était-il rentré dans sa chambre que Matthew D. Ovid Pearson y pénétrait en trombe :

— Qu'avez-vous fait à Valérie?

— Moi? Rien.

— Elle est chez moi, en train de sangloter et ne s'interrompt que pour vous injurier et me maudire! C'est beaucoup pour un homme qui souhaiterait se reposer. Elle vous a rendu votre parole?

— Pas que je sache!

— Tant mieux! Je craignais le pire... Comprenez-moi, Cyrus, il y a vingt-cinq ans que je supporte Valérie... Je crois avoir fait ma part, à un autre maintenant!

— Vous avez une manière bien à vous de m'encourager.

— Je donnerai suffisamment de dollars à ma fille et ma mort lui en rapportera assez pour que je n'aie pas besoin de dorer la pilule aux candidats. Enfin, Cyrus, pourquoi diable l'avez-vous emmenée chez votre maîtresse?

— Pearson, votre héritière ne comprend rien à rien!

— C'esr vrai, mais elle a toujours été assez riche pour n'avoir pas besoin de comprendre, il lui suffisait de commander.

— Je me suis chargé d'une mission et j'aimerais la remplir complètement avant de quitter Vérone.

— Une mission?

— Retrouver un assassin.

— Et quel rapport avec cette jeune femme si expansive?

— Elle est la maîtresse du meurtrier. Par elle, je peux obtenir les preuves qui me manquent.

— Et c'est pour la mettre de votre côté que vous l'embrassez dans la rue, sous les yeux de Valérie?

— Ce n'est pas moi, c'est elle qui m'embrassait!

— Pour vous remercier de vouloir arrêter son amant?

En quelques mots, Leacok mit Pearson au courant de la situation et des manies affectueuses de la signora Rossi. Matthew D. Ovid comprit fort bien et, tapant sur l'épaule de son interlocuteur :

— Tout cela me paraît très correct, mon garçon. Je vais retourner expliquer à Valérie ce qu'il en est. Je vous

marierai dans cinq semaines et je viendrai me reposer
en Europe. Vous n'oublierez pas de me donner l'adresse
de cette dame qui a de si gentilles habitudes...

Pearson dut trouver les mots qui convenaient pour
persuader sa fille, car lorsque Valérie descendit déjeuner,
elle montrait un visage rasséréné et presque aimable.
Elle tendit la main à Leacok :

— Pardonnez-moi, Cyrus, et ne m'en veuillez pas
d'être jalouse... mais ce pays me porte sur les nerfs.
Heureusement que dans vingt-quatre heures nous l'aurons quitté!

Le repas, sans être joyeux, fut décent et si Valérie
refusa de goûter la cuisine italienne, elle ne crut pas
nécessaire de donner son opinion d'Américaine estimant
que seuls ses compatriotes avaient une claire notion de
ce que doit être une alimentation hygiénique. Cyrus A.
William lui en fut reconnaissant. Au dessert, il demanda
la permission d'aller téléphoner. On la lui accorda avec
empressement et il fila mettre sa conscience en repos en
appelant Tarchinini pour lui conter ses aventures matinales.

Le commissaire, obligé de se lever de table — ce qu'il
détestait — témoigna d'abord d'une humeur maussade.

— Pronto?... Ah! c'est vous, Bill! Qu'est-ce qui se
passe?

— Roméo, j'ai parlé à Mica Rossi tout à l'heure.

— Mais vous me l'avez déjà dit.

— Non, je l'ai revue depuis que je me suis rendu
chez vous.

Le plus succinctement possible, il fit le récit de la scène

qui le mit aux prises avec la jeune veuve. Tarchinini ne parut s'intéresser à l'histoire que lorsque l'Américain lui parla de la bague.

— Vous êtes certain de la valeur que vous attribuez à ce bijou ?

— Certain.

— Venez donc prendre le café, que nous discutions de tout ça.

— Impossible... J'ai oublié de vous annoncer que Valérie, ma fiancée, et Pearson, son père, se trouvent avec moi à l'hôtel. Ils sont venus me chercher. Nous partons demain à treize heures.

— Ah !... Je serais charmé de faire leur connaissance... Voulez-vous les prier de dîner à la maison, ce soir, à vingt heures ?

— Entendu, merci.

— Je vais m'occuper de cette affaire de bague. Où puis-je vous toucher si j'ai besoin de vous ?

— Je resterai à l'hôtel.

— Alors, à tout à l'heure peut-être et, en tout cas, à ce soir !

Parce que Cyrus A. William prit soin d'annoncer qu'il ne sortirait pas de l'après-midi à moins d'un appel urgent, Valérie accepta sans trop de mauvaise grâce l'idée de se rendre chez les Tarchinini. Cependant, elle tint à savoir ce qu'était le commissaire sur le plan de la société véronaise et lorsque son fiancé lui eut affirmé qu'il comptait parmi les « importants » elle fut complètement rassurée.

Laissant sa fille et son futur gendre s'installer au salon, Matthew D. Ovid regagna sa chambre pour tenter d'effa-

cer — par une sieste conforme aux mœurs du pays —
les dernières séquelles de ses frasques nocturnes. Enfoncé
dans un fauteuil qui l'incitait davantage au sommeil
qu'à la méditation, Cyrus A. William — l'esprit tout
occupé de ce que pouvait faire Tarchinini — désespérait
de voir finir cet après-midi insipide, écoutant, sans trop
l'entendre, Valérie régenter leur commune existence
des années à venir. La tristesse de Leacok s'accrût lorsqu'il songea au nombre de dimanches qu'il devrait passer
en tête à tête avec Valérie. Les heures se traînaient.
Cyrus A. William baillait, Valérie continuait à parler.
Vers dix-sept heures, brusquement, le supplice du garçon
prit fin. Un groom entra dans le salon, annonçant :

— Signor Leacok, al telefono, per favore !

Le fiancé de Miss Pearson se précipita. C'était Tarchinini.

— Bill ? Je passe vous prendre. Attendez-moi sur le
trottoir. Pas le temps de m'arrêter. Il faut faire vite !

— Mais Roméo, qu'est-ce qui... ?

— Vous expliquerai !

Le commissaire raccrocha avant que l'Américain ait
eu le temps de poser sa question. Valérie se contenta
de pousser un soupir de résignation en apprenant que son
compagnon la quittait. Décidée à prendre son mal en
patience, elle comptait le nombre d'heures qu'il lui restait à vivre dans cette ville qu'elle assimilait aux cités
bibliques frappées par la colère du Seigneure qui, en ce
temps-là, se préoccupait un peu plus de surveiller les
mœurs de sa créature.

A peine Cyrus A. William sortait-il de l'hôtel que la
voiture de police, conduite par un Italien inconnu de

Leacok, s'arrêta devant lui. Tarchinini ouvrit la portière arrière :

— Vite montez !

L'Américain eut tout juste le temps de sauter dans l'auto, déjà le conducteur repartait au maximum de la vitesse possible dans le corso Cavour, un dimanche.

— Alors, Roméo, allez-vous me dire ce qui vous arrive ?

— Nous allons arrêter Lanzolini.

— Pourquoi à cette allure-là ?

— Parce qu'il est peut-être un assassin et que je n'aime pas savoir un assassin en liberté, surtout quand il est au courant de ce que la police trame contre lui.

— Qui l'a prévenu ?

— Vous.

— Moi ?

— Par l'intermédiaire de Mica. Bill, tantôt, quand vous m'avez parlé de cette bague coûteuse offerte par Lanziolini à sa maîtresse, j'avoue que je ne vous ai pas cru. Je me disais : ce cher Bill est tellement braqué sur Lanziolini qu'il soupçonne chacun de ses gestes, même les plus anodins, et s'imaginant trouver dans ce bijou la preuve que le garçon coiffeur a des ressources aussi importantes que suspectes, il attribue sûrement à cette bague une valeur qu'elle n'a pas, qu'elle ne peut pas avoir, et je suis retourné à table.

— En somme, vous continuiez à me prendre pour un imbécile ?

— Non pas, Bill, mais pour un homme qui raisonne selon des règles trop strictes ne laissant aucune place à l'humain qui, bien souvent, se soucie peu de la logique.

Je finissais de boire mon café lorsque je me suis dit que votre situation à Boston devait, cependant, vous donner une certaine compétence en matière de joaillerie. Toutefois, même en supposant que vous ne vous soyez pas trompé, je voyais mal Lanzolini, plutôt habitué à vivre des largesses féminines, se délestant d'une pareille somme, en admettant qu'il la possédât, hypothèse plus que fragile. Fallait-il envisager le vol de cette bague par Lanzolini ? Dans ce cas, la question se posait : où ? Dans toutes les plaintes pour vol, depuis plus de six mois, il n'est pas question d'un bijou de cette importance. Le problème à résoudre devenait le suivant : Bill ayant raison en ce qui concerne la valeur du bijou offert à Mica, Lanzolini, qui n'a pas les moyens de l'acheter, l'a forcément volé. Or, personne n'a déclaré ce vol, pourquoi ? Parce que le volé est lui-même un voleur ? Mais cela ne fait qu'ajouter un échelon sans rien changer au fond de la question ; parce que le volé ne peut déposer de plainte pour la bonne raison qu'il est mort.

Spontanément, Leacok lança :

— Matteini ?

— Matteini, oui. Je me suis alors souvenu d'un détail. Pendant tout notre entretien, Matteini n'a jamais employé le mot argent. Il disait une fortune, ma fortune, cette fortune...

— Et alors ?

— Et alors, Bill, une fortune n'est pas forcément constituée par de l'argent liquide.

— Des bijoux ?

— Pourquoi pas ? A ce moment, l'inspecteur Luppo, qui nous pilote actuellement, me téléphona pour me dire que Lanzolini venait de rentrer chez lui seul. Je lui commandai de venir me chercher et nous avons filé à San Giovanni Lupatoto, où Maria Matteini nous confirma que le butin mal acquis par son père consistait en une pleine valise de bijoux.

Cyrus A. William ne put retenir une exclamation de triomphe :

— Depuis le début de cette affaire, je m'épuise à vous dire que Lanzolini est dans le coup!

— C'est vrai, Bill, et je vous fais mes excuses.

— Toute l'histoire est beaucoup plus simple que vous ne l'avez imaginée avec votre sacré tempérament latin. Lanzolini voulait Mica pour lui seul et il décida de se débarrasser de Rossi. Avec ou sans la complicité de Mica ? Je n'en sais rien pour l'instant. C'est Lanzolini qui envoya à Rossi la lettre anonyme pour le diriger chez Matteini.

— Pourquoi ?

Leacok sourit. Le moment était venu de lancer son arme secrète.

— Parce que, mon bon Roméo, vous avez négligé le fait de la dispute entre Matteini et son petit-fils, dispute qui fut assez violente pour pouvoir être entendue. Or, Lanzolini l'a entendue. Il a su que son patron possédait une fortune dont il ne pourrait, le cas échéant, dénoncer le vol. En tuant Rossi chez Matteini, il mettait ce dernier dans une position impossible et, prenant les bijoux, faisait d'une pierre deux coups. C'est exactement ce qui est arrivé. Lanzolini, au courant des habitudes de Rossi, attend qu'il soit seul avec Matteini, fait téléphoner à ce dernier, par Mica vraisemblablement, tue le mari de sa maîtresse, s'empare de la valise et Matteini revenu se trouve avec un mort sur les bras et dépouillé. Personne ne se serait jamais douté de rien ou n'aurait pu prouver quoi que ce soit si Lanzolini n'avait commis la sottise d'offrir cette bague à Mica...

— ... Qui a dû le prévenir que vous aviez tiqué dessus

— Vous pensez qu'il a pu se sauver?

— C'est possible, mais je ne le crois pas.

— Pour quelles raisons?

— Toujours les mêmes : on ne quitte pas Vérone quand on est amoureux.

— Que vous dites! En tout cas, mon histoire colle, non?

— En gros...

— Mon cher, pour les détails, adressez-vous à Lanzolini.

— C'est justement ce que je vais faire.

Ils se présentèrent en amis venant rendre visite à leur camarade Lanzolini et la concierge leur assura qu'Orlando se trouvait chez lui car, l'ayant vu rentrer quelques heures plus tôt, elle ne se souvenait pas qu'il fût ressorti.

Tarchinini montait l'escalier devant l'Américain et ce dernier remarqua la bosse faite par le pistolet dans la poche du commissaire. Les policiers italiens arrêtaient-ils donc parfois les criminels 'autrement qu'en les traitant comme des copains d'enfance? Leacok sourit : une belle revanche pour lui et qu'en dépit de sa bonne humeur Roméo devait avoir du mal à digérer! Cyrus A. William se voyait dans le salon des Pearson, déclarant devant les auditeurs attentifs : « Je n'ai passé qu'une semaine à Vérone, mais j'en ai tout de même profité pour montrer aux policiers de cette ville comment on travaille à Boston et je leur ai débrouillé une affaire dans laquelles ils pataugeaient sans espoir d'en sortir. Pourtant, dans les premières heures suivant la découverte du crime, je leur avais désigné le coupable, un nommé Lanzolini... »

On ne répondit pas à leurs coups de sonnette. Tarchinini grogna. Il parut hésiter puis, se décidant, il extirpa de sa poche une sorte de pince monseigneur et eut tôt fait d'ouvrir la porte. Du seuil, il demanda à voix haute :

— Il y a quelqu'un ?

Son appel n'éveilla aucun écho. Leacok devinait son ami inquiet et ne s'étonna pas de le voir sortir son arme. Ils pénétrèrent avec précaution dans la studio où Lanzolini les avait reçus la première fois. Tarchinini remit son pistolet dans sa poche. L'amant de Mica n'était plus dangereux pour personne. Étendu de tout son long sur le sol, il semblait dormir, pareil à ces hommes des pays du sud qui, dans les rues, cherchent l'ombre des maisons pour s'y allonger. Mais le bel Orlando ne se réveillerait plus jamais. Le manche d'un poignard sortait de son côté gauche. Celui qui avait frappé connaissait bien son affaire. Les deux policiers contemplaient le cadavre. Tarchinini soupira :

— J'aurais dû laisser Luppo en surveillance, mais je ne me doutais pas que tout irait si vite...

Et se tournant vers son compagnon :

— ... Elle ne colle plus tellement bien, votre histoire, hein, Bill ?

Désemparé, Cyrus A. William ne parvenait pas à

détacher ses yeux du corps de Lanzolini. Tout l'édifice du raisonnement dont il était si fier et qui l'avait amené à se persuader de la culpabilité d'Orlando s'effondrait. Même s'il s'affirmait le meurtrier de Rossi, Lanzolini avait eu un complice qui venait de se débarrasser de lui. L'Américain s'efforça de ne pas penser à Mica. Il jugeait, il voulait juger impossible que cette poupée fût un monstre.

— Vous y comprenez quelque chose, Roméo ?

— Non... et ça m'énerve !

Ils se mirent à inspecter minutieusement les lieux. Devant la photo de Mica sur la cheminée, Cyrus A. William appela son ami :

— Roméo... si Lanzolini a été aidé, ce ne peut être que par...

— Eh oui !... mais, pourtant, ça ne doit pas coller non plus.

— Pourquoi ?

— Oh! pour des tas de raisons... et puis, entre nous, vous la croyez capable d'avoir tué son Orlando, cette petite ?

Ils trouvèrent la bague dans un pli du couvrepied. Tarchinini l'examina :

— Jolie pièce !

Leacok la lui arracha les mains.

— C'est la bague de Mica !

— Vous êtes sûr ?

— Et comment !

— Alors, Bill, nous nous sommes peut-être trompés et la gentille signora est sans doute beaucoup moins gentille que nous le supposions...

Dans la rue, ils rejoignirent Luppo, auquel le commissaire donna l'ordre, une fois les services de police compétents avertis de la mort de Lanzolini, de les rejoindre au 233 de la via Carducci où Leacok et lui se rendaient maintenant.

Mica Rossi leur ouvrit, le visage gonflé de larmes. Tout de suite, elle s'en prit à Leacok :

— Oh! vous, je vous déteste!

L'Américain s'inclina :

— Vous m'en voyez navré, signora.

— Je ne veux pas que vous entriez chez moi!

Le commissaire repoussa doucement la jeune femme, qui obstruait le passage.

— Nous allons quand même entrer, signora.

Et comme elle ouvrait la bouche pour protester, il ajouta :

— ... Inutile de crier, nous sommes ici au nom de la loi.

Elle recula et les deux hommes en profitèrent pour se glisser à l'intérieur et Cyrus A. William referma la porte derrière eux. Dans le salon où ils la suivirent, elle essaya de protester :

— Mais enfin qu'est-ce que cela signifie?

Tarchinini prit un ton bénin pour répondre :

— Pour l'instant, rien de bien grave encore... Je désirerais simplement examiner le bijou que vous portiez au doigt ce matin et que vous avez montré à mon ami américain.

— Je ne l'ai plus!

— Tiens! tiens! L'auriez-vous perdu, par hasard?

Mica fondit en larmes et, lorsqu'elle fut un peu calmée, elle avoua :

— Orlando me l'a reprise...

— Pourquoi donc?

Elle tendit un doigt vengeur en direction de Leacok :

— A cause de lui!

— Expliquez-nous ça?

— Quand j'ai raconté à Orlando que l'Américain s'était intéressé à ma bague, il est entré dans une colère terrible, il m'a traitée de tous les noms et m'a déclaré qu'il en avait assez de moi, que j'étais trop bête, trop idiote, enfin un tas d'horreurs dont je ne me souviens même plus. Il m'a obligée à lui rendre la bague et m'a juré que tout était fini entre nous!

Cyrus A. William ironisa :

— Vous avez l'habitude des ruptures, signora.

Pleine d'espoir, oubliant sa rancœur, elle lui demanda :

— Vous pensez qu'il me reviendra?

Leacok resta court. Ne sachant pas si elle jouait ou non la comédie, il ne se sentait pas le courage de lui apprendre la mort de Lanzolini au cas où elle l'ignorerait. Tarchinini se porta à son secours :

— Quand avez-vous quitté Lanzolini?

— C'est lui qui m'a quittée... A l'*Academia*... On devait déjeuner ensemble... mais, il n'a plus voulu... Il m'a déclaré qu'il rentrait chez lui et qu'il me défendait de l'y rejoindre...

Il y eut une nouvelle crise de larmes, dont Tarchinini attendit la fin pour continuer :

— Je suis allée chez Lydia lui raconter ce qui m'était arrivé, et puis je suis revenue ici où... où je suis bien malheureuse.

L'inspecteur Luppo, qui entrait à ce moment-là, eut

droit au spectacle de Mica secouée de sanglots. A son âge, il en avait trop vu pour s'émouvoir de quoi que ce soit. Il crut que ce désespoir succédait à un aveu et il demanda au commissaire :

— Je l'embarque, chef ?

— Pas encore.

En remontant dans la voiture amenée par Luppo, Cyrus A. William estimait que Roméo pourrait faire un bon policier s'il n'aimait pas tant les femmes. Il avait suffi que Mica lui jouât le désespoir pour qu'aussitôt Tarchinini perdît tous ses moyens.

— A votre place, Roméo, je l'aurais arrêtée !

— Pas avant de savoir si elle ment ou non.

— Et comment espérez-vous le savoir ?

— En priant la signora Fotis de confirmer l'emploi du temps de son amie.

Dans le salon de Lydia Fotis, c'était au tour de Tarchinini de contempler avec une extrême attention la gravure qui avait rappelé sa jeunesse à Cyrus A. William lors de leur précédente visite. Leacok plaisanta le commissaire sans parvenir à le dérider. Quant à Luppo — un homme grand et lourd dont la placidité évoquait le bœuf sous le joug — il s'était assis dans un fauteuil et tournait son chapeau entre ses doigts. En pénétrant dans la pièce, la maîtresse de maison s'excusa de ne pas s'être montrée tout de suite à ses visiteurs, mais elle se reposait. Résigné, l'Américain regardait Tarchinini jouer les empressés. Il jugea qu'il ressemblait à un paon faisant la roue.

— Signora, nous sommes navrés, mes collaborateurs

et moi-même, de vous déranger, mais vous pouvez nous rendre un grand service.

— Moi ? Je ne vois pas... En tout cas, signore, je suis à votre disposition.

— Y a-t-il longtemps que vous n'avez vu la signora Rossi ?

— Mica ? Mais elle se trouvait ici au début de l'après-midi !

— Simple visite d'amitié ?

En grande sœur indulgente, Lydia Fotis sourit et Cyrus A. William estima qu'elle était la plus jolie femme qu'il ait rencontrée jusqu'ici à Vérone.

— Elle avait du chagrin.

— Puis-je vous en demander la cause ?

— Ne serait-il pas préférable de le lui demander à elle ?

— Je vous en prie, signora ?

— Une querelle avec son amoureux du moment.

— Vous le connaissez ?

— Non. J'aime bien Mica et j'excuse ses frasques sans les approuver. Je ne tiens pas à être au courant de ses amours que, de toute façon, je n'approuverais pas !

— Est-elle restée longtemps chez vous ?

— Ma foi, je ne m'en souviens plus bien... une heure peut-être ?

— Vous a-t-elle confié où elle se rendait en vous quittant ?

— Chez son ami, évidemment. Mica est sans rancune et se soucie peu de l'amour-propre.

Leacock eut l'impression que quelque chose craquait en lui : sans s'en douter, Lydia venait de livrer Mica à la police.

Ils étaient parvenus à éluder les questions de Lydia

Fotis s'inquiétant au sujet de Mica et ne comprenant pas les raisons vraies de la visite des policiers. Tandis qu'ils roulaient vers la via Carducci, Leacok s'enquit :

— Vous allez arrêter Mica Rossi ?

— Le moyen d'agir autrement ?

— Ça n'a pas l'air de vous faire plaisir ?

— Et à vous ?

L'Américain dut convenir qu'à lui non plus, ça ne procurait aucune joie.

Mais Tarchinini n'eut pas à accomplir son pénible devoir. Quand ils arrivèrent chez Mica Rossi, la concierge leur apprit que la jeune veuve venait juste de sortir. Leacok estima qu'à sa place il en aurait fait tout autant et qu'elle aurait été bien sotte de ne pas profiter du répit inespéré octroyé par le commissaire... Maintenant, il fallait la retrouver et elle risquait bien de prouver à Roméo que — quoi qu'il en puisse penser — la prudence conseillait parfois de quitter Vérone.

— On va la rechercher, Roméo ?

— Je ne crois pas que cela en vaille la peine.

— Et si elle file ?

— Je ne le crois pas davantage. Nous terminerons l'affaire cette nuit ou demain; pour l'heure, il est temps de songer à nous préparer pour le dîner, Bill.

Cyrus A. William ne souleva aucune objection, non qu'il n'en eût pas à exprimer, mais à quoi bon ? Dans ce pays, la règle première consistait à ne s'étonner de rien, même pas de voir un policier abandonner la poursuite d'un criminel sous prétexte que le moment du repas approchait. Alors que Leacok prenait congé de Tarchinini, le taciturne Luppo intervint :

— Maintenant, je me souviens chef...

— Tu me raconteras ça en me reconduisant chez moi. A tout de suite, Bill...

— A tout de suite, Roméo...

Intrigué, Leacok, dans son taxi, se demandait pourquoi Tarchinini n'avait pas voulu qu'il entendît ce que l'inspecteur tenait à raconter.

CHAPITRE XI

Cyrus A. William eut un sursaut en voyant que, conformément à la tradition britannique dont ils se voulaient des disciples fervents, Valérie et son père avaient revêtu, l'une une robe du soir, l'autre un smoking pour dîner chez les Tarchinini. Leacok réprima le frisson le parcourant à l'idée que la signora Tarchinini pourrait se montrer en peignoir à ses hôtes. Il s'en voulut de n'avoir pas prévenu sa fiancée et Pearson, mais le vin tiré, il faut le boire.

Un taxi les déposa devant le 126 de la via Pietra à l'heure convenue. Leacok espéra que la concierge serait absente. Elle était là. En présence de l'Américain, elle retomba dans l'extase déjà manifestée lors de leur précédente rencontre et bien que Cyrus A. William poussât rapidement Miss Pearson dans l'escalier, il ne parvint pas à l'empêcher d'entendre l'exclamation enthousiaste de la brave femme ;

— Il est encore plus beau que la dernière fois!

Valérie profita du répit respiratoire que lui procurait le palier du premier étage pour remarquer avec froideur :

— Il paraît qu'on vous apprécie dans cette maison?

Cyrus A. William ne répondit pas. Il n'y avait d'ailleurs rien à répondre. Quant à Pearson, il flanqua une bourrade dans les côtes de son futur gendre en chuchotant :

— Elles succombent toutes, alors? Il est grand temps qu'on vous ramène à la maison, mon garçon!

A la porte des Tarchinini, Leacok sonna longuement, tout en s'interrogeant sur ce qu'il ferait si on lui imposait une aussi interminable attente que lors de sa dernière venue. Mais la porte s'ouvrit presque aussitôt et la jeune Alba accueillit les hôtes de ses parents. Cyrus A. William se félicita de ce que ceux qui l'accompagnaient ne comprissent pas l'italien, car la demoiselle annonçait sans ambage :

— On pensait pas que vous vous amèneriez si tôt. Maman est encore à sa toilette et Giulietta à la cuisine, même qu'elle est de mauvais poil!

Pearson s'informa :

— Qu'est-ce qu'elle dit?

— Que nous sommes les bienvenus et qu'elle nous adjure de tout considérer ici comme nous appartenant.

Charmé, Matthew D. Ovid se tourna vers sa fille :

— Ils ont la manière, on ne peut pas leur enlever ça!

Roméo Tarchinini les rejoignit dans le salon où Alba avait introduit les Américains. Leacok procéda aux présentations et le commissaire s'adressa à son ami :

— Pourquoi se sont-ils habillés comme ça? Ils croyaient se rendre chez le maire?

— C'est leur habitude...

— Je ne peux même pas dire que si je m'en étais douté,
j'aurais passé un habit de cérémonie, je n'en possède pas.

A Pearson et Valérie, Cyrus A. William raconta que
leur hôte se répandait en éloges sur leur compte et qu'il
les priait de ne pas lui tenir rigueur ue sa tenue, car à
Vérone on ne s'habille pas pour dîner. Valérie montra de
l'humeur, son père de la gêne et Matthew D. Ovid grom-
mela :

— Vous auriez pu me l'apprendre plus tôt, Cyrus, au
lieu de me faire croire que vous aviez oublié votre smoking !

Roméo ramena le sourire sur les lèvres du Bostonien
en débouchant deux bouteilles de maraschino. Encouragé
par le commissaire, Pearson se mit immédiatement à
l'ouvrage tandis que sa fille, lèvres pincées, se demandait
dans quel guet-apens on l'avait attirée.

Et les minutes coulèrent...

Pour excuser un retard qui devenait anormal, Tarchinini expliqua que sa fille aînée était rentrée fort tard de
son travail et qu'elle seule se révélait capable de réussir
les « peperoni ripieni » [1], orgueil de la table familiale avec
les spaghetti de la mama. Si Valérie n'hésitait pas à
regarder fréquemment sa montre, son père paraissait
avoir perdu la notion du temps. Ayant vidé une des bouteilles de maraschino, il baignait dans une euphorie totale
qui l'incitait à se moquer éperdument de l'endroit où il se
trouvait. Il ne trahissait l'intérêt qu'il prenait à la présence des autres que par des hurlements inopinés faisant
sursauter tout le monde et qu'il affirmait être ceux de son
collège quand il jouait au football. A plusieurs reprises, sa

1. Poivrons farcis.

fille le supplia en vain de rester tranquille. Il ne répondait
que par des plaisanteries perméables à lui seul mais qui
devaient être d'une étonnante drôlerie si l'on en jugeait
par le rire tonitruant qui le secouait. Tarchinini, en face
de ces manifestations, se dit que Pearson s'affirmait
un heureux caractère, tandis que Cyrus A. William estimait que le beau-père hors de combat à la suite des opérations se présentait mieux. Mais tout fut remis en question lorsque Valérie sollicita la permission de se retirer
quelques instants. Leacok ayant reçu de Roméo les coor-
données géographiques qui permettaient à sa fiancée de
trouver le lieu de retraite qu'elle souhaitait, il entreprit
de les lui rapporter. Miss Pearson remercia du bout des
lèvres. Elle n'était pas sortie depuis trente secondes que les
trois hommes entendirent un cri perçant qui en mit deux
debout d'un élan. Pearson, occupé à faire un sort à la
deuxième bouteille de maraschino, ne sourcilla pas. Avant
que Tarchinini et son ami aient atteint la porte, celle-ci
s'ouvrit devant une Valérie, le rouge aux joues, les yeux
flambant d'indignation.

— What has happened, Val [1]?

Elle en bégayait de fureur:

— An abomination!... People without morals!...
Scandalous!... Savages [2]!

Tarchinini ne comprenait pas, mais il devinait facilement que cette grande haridelle n'était pas contente.
Cyrus A. William sut que, tentant de gagner l'endroit
réservé à des solitudes passagères, Valérie s'était heurtée
à un petit garçon tout nu qui, loin de se troubler d'être

1. Qu'est-il arrivé, Val?
2. Une abomination!... Peuple sans mœurs!... Scandaleux! Sauvages!

vu en cette tenue, lui avait adressé une harangue dont
l'écho eut pour résultat immédiat d'attirer une fillette
un peu plus grande mais dans un appareil aussi simple.
Retenant une folle envie de rire, l'Américain tenta d'apai-
ser sa pudibonde fiancée tout en remerciant le ciel qu'elle
n'ait pas rencontré la signora Tarchinini pareillement
dévêtue ou presque. Valérie se calmait à peine et le commissaire attendait qu'on lui traduisît les raisons de l'émoi
de la jeune fille quand la maîtresse de maison, frétillante,
aimable, vint saluer ses invités. Cyrus A. William ferma
les yeux en constatant que, selon une habitude qui
devait avoir la force d'une tradition, elle était en peignoir.
Valérie, les paupières écartées par la stupéfection, poussa
un gémissement alors que son père, enthousiasmé, lança
un nouveau cri de ralliement qui imposa un silence de
quelques secondes à l'assistance médusée et amena
l'irruption des enfants, curieux de savoir quel animal
papa avait introduit au salon. Dans la troupe, Gennaro
ne portait qu'un slip, et Fabrizio une chemisette qui,
trop visiblement, n'avait pas suivi sa croissance. Incons-
cient de l'horreur dilatant les prunelles de Valérie, Tarchinini montra fièrement la horde juvénile à Pearson :
— Mes enfants!
Puis, prenant la main de son épouse :
— Ma femme, Giulietta...
Pearson, qui aurait serré la patte à un cheval si on le
lui avait présenté, tant il se sentait au-dessus de toutes les
contingences sociales par la grâce du maraschino, traita
la signora Tarchinini de « damnée chère vieille chose »,
le commissaire de « sacré vieux rigolo » et tint à embrasser
les cinq gosses. Se rappelant alors que l'Italie était un

pays pauvre, il sortit des dollars de sa poche et commença la distribution. Leacok intervint pour arrêter le cours d'une générosité pouvant être jugée offensante, si bien que le dernier, Gennaro, n'eut pas droit au billet vert. Aussitôt, il se mit à pleurer mais, très vite, estimant que c'était là une méthode stérile, il chipa celui que sa sœur Rosanna gardait entre ses doigts. La fillette, outrée, voulut récupérer son bien. Par esprit de corps, Alba se porta au secours de sa cadette, tandis que Gennaro recevait le secours de son frère Fabrizio. Fier de la sagesse de ses seize ans, Renato voulut rétablir l'ordre avec impartialité. Pris aux jambes, il ne tarda pas à s'écrouler dans la mêlée spontanément formée et d'où émergeaient par éclairs les derrières tout aussi innocents qu'impudiques de Gennaro et Fabrizio. Pearson suffoquait d'enthousiasme. La signora Tarchinini appelait à la rescousse tous les saints qui, d'ordinaire, l'aidaient dans ses travaux ménagers, mais ce devait être leur jour de sortie. Le commissaire prononçait un discours que nul n'entendait et Cyrus A. William essayait de faire revenir à une claire conscience des choses une Valérie apparemment plongé dans un état cataleptique. Lui ayant pris la main, il la lui tapotait, tout en murmurant :

— Val... darling... what is the matter [1] ?

Le regard fixé sur la bataille se livrant sous ses yeux, la fille de Matthew D. Ovid, scandalisée au-delà de toute expression, au point que son cerveau bloqué se refusait à fonctionner, répétait, hébétée :

— Incredible... incredible... incredible...

Comprenant qu'il lui importait, et de toute urgence,

1. Val... chérie... qu'est-ce qu'il y a ?

de tenter quelque chose pour arracher sa fiancée à une hypnose risquant de se terminer en crise de nerfs, Leacok résolut d'employer la méthode homéopathique. Prenant un air dégagé, il éclata de rire et à Valérie, qui se tournait brusquement vers lui, il jeta :

— It's very amusing... isn't'tit [1]?

Incrédule, elle le contempla un instant avant de laisser tomber d'une voix chargée d'un ressentiment qui donna la chair de poule à son interlocuteur :

— Amusing... really [2]!

Elle se leva, raide comme le juge sur le moment de rendre son verdict et annonça :

— I have enough of your Italian family [3]!

C'était le scandale inévitable. Or, par miracle, le calme se rétablit à cet instant. Rajustant son peignoir, la signora Tarchinini chassa du salon les enfants continuant à se disputer, et le commissaire acheva son discours dont personne n'avait attrapé le moindre mot, ce qui n'empêcha pas Pearson de l'étreindre en lui jurant qu'il s'affirmait le plus « damné cher vieux camarade » qu'il ait jamais rencontré. La signora Tarchinini manqua s'écrouler en effectuant une révérence à la ronde tout en assurant qu'on allait passer à table dans quelques minutes. La maîtresse de maison sortie, il se fit un silence d'autant plus étrange que le tumulte avait été plus grand. Prenant Valérie par le bras, Cyrus A. William la força à se rasseoir :

— I'm sorry... darling [4].

1. C'est très amusant... vous ne trouvez pas ?
2. Amusant... vraiment ?
3. J'en ai assez de votre famille italienne !
4. Je suis navré... chérie.

Soupçonneuse, elle l'examina :

— It's true, Cyrus [1] ?

— I swear it [2] !

Rassérénée, elle se rapprocha et posa sa tête sur l'épaule de son fiancé. Appliquant une forte claque sur la cuisse du commissaire qui en manqua de choir de sa chaise, Pearson montra les deux jeunes gens en assurant d'un ton sentencieux :

— Touching fot a father... [3] !

Et, pour se consoler, il vida dans son verre ce qui restait de la deuxième bouteille de maraschino. Quant à Tarchinini, il ne pouvait s'empêcher de penser que son ami Bill n'avait pas le goût tellement bon.

Toujours aussi pétulante, mais ayant troqué son peignoir contre une robe noire, la signora Tarchinini réapparut précédant ses rejetons tous habillés, cette fois.

— Signora, signori, mettons-nous à table. Giulietta, apporte les hors-d'œuvre !

On se levait lorsque Giulietta entra portant un plat immense où toutes les charcuteries, tous les légumes se pouvant manger en salade composaient une symphonie de couleurs. A peine le commissaire commençait-il à dire :

— Permettez-moi de vous présenter ma fille aînée, Giulietta...

... que cette dernière, poussant un cri aigu, laissait choir son plateau et Cyrus A. William, abandonnant Valérie, hurlait :

1. C'est vrai, Cyrus ?
2. Je vous le jure !
3. Émouvant pour un père...

— Giulietta!

Dans un élan unanime, trahissant une vieille habitude, les enfants se ruèrent sur la nourriture répandue à terre. La signora Tarchinini, tragique, sommait le ciel de réparer sur-le-champ le désastre causé par l'inattention de ses saints et Valérie Pearson retombait dans ce qu'elle tenait pour un cauchemar où sa raison risquait de sombrer. Ahuris, ne comprenant rien à rien, Roméo et Matthew D. Ovid regardaient Giulietta et Leacok tomber dans les bras l'un de l'autre, puis la jeune fille se dégager brusquement pour s'enfuir tandis que Cyrus A. William, reprenant ses esprits, se demandait ce qui allait se passer. Ce fut très simple. Valérie se dirigea vers la porte d'un air résolu. Affreusement embêté, son fiancé tenta l'impossible :

— Val... let me explain to you [1]?

Sur le seuil, elle se retourna et, décidée :

— Cyrus! if to-morrow, you are not a the airfield, I will never see you again [2]!

Après le départ de Miss Pearson, il y eut de nouveau une sorte de calme apparent qui ressemblait à celui que les navigateurs affirment rencontrer parfois au cœur d'un typhon. Tarchinini le rompit en demandant :

— Et maintenant, Bill, si vous nous racontiez ce que tout cela signifie?

— C'était Giulietta!

— Bill, vous ne pensez tout de même pas me l'apprendre? Figurez-vous qu'il y a dix-neuf ans que je

1. Val... laissez-moi vous expliquer ?...
2. Cyrus! Si demain vous n'êtes pas à l'aérodrome je ne vous reverrai plus!

connais ma fille, mais vous, comment la connaissez-vous ?

C'est alors que le téléphone sonna, interrompant les explications. Le commissaire prit l'appareil, écouta. A sa mine, les autres devinèrent que les nouvelles reçues étaient graves.

— Bon... Il y a combien de temps ? Parfait... Envoyez-moi tout de suite la voiture... et vous, rejoignez-moi au bureau...

Tarchinini raccrocha, demeura un instant pensif, puis d'une voix dont Leacok ne reconnaissait pas le timbre :

— Ça y est, Bill... Vous pourrez regagner Boston la conscience en repos, l'affaire Rossi-Matteini est pratiquement terminée. Voulez-vous assister à l'hallali ?

— Et comment !

— Alors, on y va !

Les deux amis s'apprêtaient à sortir quand la signora Tarchinini se dressa devant son mari :

— Et mon dîner ?

— Mange-le !

Tragique, elle désigna d'un doigt vengeur Pearson qui dormait :

— Et lui, qu'est-ce que j'en fais ? Je le mange aussi, peut-être ?

Le commissaire hésita et, prenant une décision, ordonna :

— Donnez-moi un coup de main, Bill. Nous le déposerons en passant entre les mains du portier de l'hôtel.

Gardienne du foyer dont un caprice des dieux vient de ruiner en un instant le fruit de ses longs efforts, la signora Tarchinini — statue vivante de la réprobation — regarda s'enfoncer dans l'escalier Roméo et son ami américain, soutenant chacun par un bras un Pearson qui riait aux anges.

Sitôt débarrassé du papa de Valérie, le commissaire commanda au chauffeur de police de l'emmener à la Stazione Porta Nuova. Leacok réclama une explication :

— A la gare ? Pourquoi à la gare, Roméo ?

— Parce que c'est de la gare que partent les trains.

— Vraiment ? Je ne m'en serais pas douté... Et puis-je savoir pourquoi la Porta Nuova ?

— Excusez-moi, Bill, je n'ai pas voulu plaisanter. Je pensais aux trains qui s'en vont en direction de la France et de la Suisse.

— Ah !... Vous croyez qu'elle cherche à s'enfuir ?

— Que peut-elle faire d'autre ?

— Avec les bijoux ?

— Elle a tué deux hommes et a causé la mort d'un troisième pour les avoir...

Bien que ne désirant pas blesser son compagnon, Cyrus A. William ne put s'empêcher de remarquer :

— Je me figurais que les criminels ne quittaient jamais Vérone ?

— Lorsque quelqu'un les retient, mais elle, qui pourrait la retenir encore ?

A la gare, Tarchinini convoqua le chef de la station qui se présenta, l'air assez rogue et pas content du tout d'être dérangé en ce moment de pointe.

— Signor capo stazione, à quelle heure le premier train en direction de l'étranger ?

— Dans une demi-heure, quai 2, voie 3... Milan et la Suisse.

Les deux policiers jetèrent un coup d'œil dans les salles d'attente mais nulle part Leacok n'aperçut Mica Rossi. Ils gagnèrent le quai et s'embusquèrent chacun d'un côté de la sortie de l'escalier menant au passage souterrain et ils attendirent. Bientôt les premiers voyageurs commencèrent à arriver, d'abord isolés, puis en groupes de plus en plus fournis. Cinq minutes avant le départ du train, un haut-parleur prévint les retardataires. On perçut l'écho de courses précipitées. Enfin, le commissaire fit un signe à l'Américain tout en se rapprochant de l'endroit où débouchait l'escalier. Au milieu d'une bande de jeunes soldats qui criaient et riaient, deux femmes se hâtaient. L'une d'elles, en grand deuil, tenait une valise de cuir bleu à la main. Au moment où elle parvenait à sa hauteur Roméo lui prit le bras. Surprise, elle poussa un léger cri, mais le commissaire ordonna sèchement :

— Pas de scandale, signora, cela ne servirait à rien!

Cyrus A. William s'imaginant que son ami se trompait voulut le prévenir :

— Attention! Ce n'est pas Mica Rossi!

— Je sais, Bill...

D'un geste rapide, Tarchinini écarta le voile de crêpe dissimulant la femme et Leacok, abasourdi, vit le beau visage de Lydia Fotis.

La lumière crue de la lampe de bureau éclairait durement les traits de Lydia qui, les paupières baissées, semblait indifférente à la scène qui se déroulait et dont elle était pourtant la vedette. En face d'elle, Tarchinini. Un peu plus loin, Cyrus A. William mâchonnant son chewing-gum. Sur une table, la valise de cuir bleu laissait voir son précieux chargement pour lequel cette femme avait tué, car Lydia — comme si elle jugeait indigne d'elle de discuter — avait avoué l'essentiel. En bonne joueuse qui a perdu la partie, elle acceptait l'échec et ses conséquences.

Bien qu'il fût déjà trois heures du matin, elle s'affirmait la plus fraîche du trio. Leacok avait ôté sa cravate et ouvert le col de sa chemise. Quant à Roméo, les poches sous ses yeux, son teint plombé, ses moustaches molles disaient assez sa fatigue.

L'inspecteur Luppo entra discrètement et vint chuchoter quelque chose à l'oreille de son supérieur qui s'adressa à l'Américain :

— Luppo m'apprend que Mica Rossi a quand même fini par se jeter dans l'Adige...

Cyrus A. William sursauta sur sa chaise.

— Elle... elle est morte ?

— Heureusement non... On l'a repêchée à temps et on l'a emmenée à l'hôpital civil.

— Mais... pourquoi a-t-elle fait ça ?

— Parce qu'elle aimait Lanzolini. Quand nous l'avons quittée, elle s'est rendue chez Orlando où on l'a mise au courant de ce qui s'était passé... Peut-être a-t-elle deviné qui l'avait tué ? En tout cas, elle a voulu mourir... Espérons que la vie reprendra le dessus et que, lorsqu'elle saura quel était l'homme pour qui elle a souhaité disparaître, elle bénira ceux qui l'ont sauvée...

Lydia n'avait pas eu un mouvement pendant que Tarchinini commentait la tentative de suicide de Mica. Le commissaire feignit de s'en étonner :

— Je croyais que Mica était votre meilleure amie ?

Une flambée de haine crispa le visage de la signora Fotis.

— Je la détestais !

— Parce qu'à cause d'elle toute votre belle combinaison échouait ?

— Pour cela aussi...

— Mais surtout, parce qu'elle vous avait pris le cœur d'Orlando Lanzolini, n'est-ce pas ?

— Oui.

Le policier soupira :

— Chacun a ses faiblesses... mais je n'aurais jamais supposé qu'une femme comme vous pût nourrir la moindre illusion sur Lanzolini ?

Elle ne répondit pas, fermée sur son secret.

— Comme il vous plaira... Êtes-vous prête à signer vos aveux ?

— Oui.

— Luppo, écrivez ce que je vais vous dicter, et si je me trompe, signora, interrompez-moi... Vous y êtes, inspecteur ? Alors, je commence :

« Je soussignée, Lydia Vacchi, veuve Fotis, née à Mirandola le 5 septembre 1919, reconnais avoir tué de ma main Eugenio Rossi et Orlando Lanzolini. Je reconnais, en outre, m'être emparée de bijoux — dont l'énumération se trouve sur un feuillet à part — qui étaient en la possession de Vincenzo Matteini.

« Orlando Lanzolini bien que beaucoup plus jeune que moi était mon ami. Il vivait un peu de son travail, un peu de ce que je lui donnais, un peu de ce qu'il extorquait aux dames qui commettaient l'imprudence d'avoir des faiblesses pour lui. Travaillant au salon de coiffure de Vincenzo Matteini, il eut l'occasion d'entendre une querelle opposant son patron à son petit-fils Pietro Grinda et il apprit ainsi que Matteini possédait une fortune mal acquise et qu'on pourrait donc lui voler sans qu'il osât porter plainte. Lanzolini me proposa de me faire épouser par Matteini qui était veuf, me jurant que le soir même de mon mariage nous gagnerions l'étranger avec notre butin. J'acceptai.

« Malheureusement, Matteini avait fait serment à sa femme, sur son lit de mort, de ne jamais se remarier. En dépit de tous mes efforts, il ne voulut jamais transgresser sa promesse pas plus qu'il ne me parla de cette fortune dont Orlando avait su l'existence. Les choses traînaient en longueur et j'étais sur le point d'abandonner la partie quand je m'aperçus que Lanzolini me trompait avec Mica Rossi. Jusqu'ici, les courtes aventures d'Orlando ne comptaient pas. Cette fois, il n'en était pas de même. Jalouse, craignant de perdre l'homme que j'aimais, j'adressai une lettre anonyme à Rossi pour le mettre au courant. Inquiété par les réflexions que Rossi faisait à sa femme, Lanzolini quitta Matteini pour di Martino. J'allai envoyer à Eugenio Rossi la nouvelle adresse de son rival, lorsque Matteini vint me trouver, affolé par l'attitude étrange d'un client qui n'était autre que le mari alerté par mes soins. Toujours hanté par son crime d'autrefois, Vinzenco, sous le coup de son angoisse, se confessa à moi, mais ne me livra pas le secret de sa cachette. Pensant que si je devenais riche, Orlando quitterait Mica pour me rejoindre, je résolus de profiter des circonstances.

« Abandonnant Eugenio Rossi et ses malheurs conjugaux, me forçant à ne plus penser à Mica et Orlando, j'écrivis des billets à Matteini pour achever de l'épouvanter. Il était tellement axé sur son taciturne client qu'il les lui attribua aussitôt. Tout en feignant de le rassurer, j'abondai dans son sens. C'est moi qui lui suggérai de se débarrasser de cette fortune qui l'empêchait de vivre en la rendant à celui qu'il prenait pour le fils de son ancienne victime. La proposition répondait sans doute à son désir secret, car il ne fit aucune difficulté pour l'accepter. Ensemble, nous mîmes sur pied le plan de la restitution. On convint qu'il irait chercher la fameuse valise le dimanche et qu'il la remettrait le lundi à Rossi lorsqu'il se trouverait de nouveau seul avec lui.

« J'avais prévenu Lanzolini, et le lundi, sachant où il avait rendez-vous avec Mica, je l'appelai pour lui demander d'appeler lui-même Matteini afin de lui signaler un accident survenu à sa fille à quelques centaines de mètres de chez lui. Comme prévu, Vincenzo fila vers le lieu supposé de l'accident et je me glissai chez lui par la cour. Sottement, je ne pris pas garde que la porte donnant sur le salon était ouverte et que Rossi me voyait. Je n'avais plus le choix. Il me fallait me débarrasser de ce témoin. J'entrai donc dans le salon avec la tranquilité de la maîtresse de maison, saluai Rossi et, le plus naturellement du monde, je pris dans le tiroir-caisse le pistolet que je savais y être ; Rossi n'avait aucune raison de se méfier de moi. Je l'ai abattu sans qu'il se soit douté de rien et je suis partie avec la valise.

« Je n'avais pas pensé que Vincenzo pourrait se suicider, pas plus que je n'avais eu l'intention d'assassiner ce pauvre Rossi. Lanzolini a été épouvanté en apprenant mon crime, mais la perspective de mener bientôt une existence agréable parut le rasséréner. Personne ne pouvait me soupçonner, car nul n'était au courant de ma liaison platonique avec Matteini. Je ne le recevais pas chez moi, je n'allais pas chez lui et nous nous rencontrions le plus souvent au café ou dans un jardin. J'avais

242

tout prévu, sauf qu'Orlando préférerait Mica non seulement à la richesse, mais encore à sa propre sauvegarde. Sans que je m'en aperçusse, il déroba une bague à notre trésor pour l'offrir à sa maîtresse et cette sotte n'eut rien de plus pressé que de la montrer au policier américain. C'est par elle que j'ai su la scène que lui avait faite Lanzolini en lui reprenant le bijou et en lui annonçant leur rupture définitive. J'étais folle de rage et j'ai bien failli tuer Mica chez moi. Mais, je la laissai repartir et gagnai la demeure d'Orlando pour avoir une explication avec lui. Il m'avoua qu'il ne pouvait vivre sans Mica et il me rendit ma bague en m'avertissant que tout était terminé entre nous. Je n'avais plus confiance en lui. C'est pourquoi je l'ai tué et j'ai laissé la bague sur place pour que vous soupçonniez Mica. Je partais pour la Suisse quand vous m'avez arrêtée.

« Tout ce qui précède est la vérité que j'ai avouée sans subir la moindre contrainte.

« Fait à Vérone, le 13 avril 1959. »

Lydia Fotis relut tranquillement cette déposition et la signa d'une main ferme.

Dans le petit matin, Leacok et Tarchinini revenaient vers le corso Cavour. Ils allaient à pas lents, retardant le moment de se séparer pour toujours.

— Malgré tout, Bill, j'espère que vous n'emporterez pas un mauvais souvenir de Vérone et que vous ne nous traiterez pas trop sévèrement si vous écrivez sur nos méthodes ?

— Je devrais le faire, Roméo, car j'ai le sentiment que

vous n'avez pas joué franc jeu avec moi. Vous me laissiez croire à la culpabilité de Mica, alors que vous saviez...

— Je ne savais rien du tout, Bill. Simplement, je n'admettais pas que Mica fût une meurtrière. Il y a des choses qui sont possibles et d'autres pas. L'hypothèse de la petite veuve tuant pour se libérer ou pour voler entrait, pour moi, dans cette dernière catégorie. D'autre part, j'avais jugé Lanzolini du premier coup d'œil : un ruffian, sans aucun doute, un voleur à l'occasion, mais un assassin, non, trop lâche le bonhomme! Le meurtre de Rossi s'avérait inexplicable jusqu'au moment où Matteini nous a raconté sa propre histoire. Après ma visite aux Grinda, lorsque j'ai su le remords qui bourrelait ce vieil homme au point de l'empêcher de jouir de cette fortune volée, je fus certain qu'il n'avait pas tué Rossi. Alors, qui? Évidemment le voleur de la valise. Je commençais à soupçonner que la mort de Rossi pouvait avoir été accidentelle sans deviner quelles étaient les causes de l'accident. Je reconnais que je n'ajoutais pas foi à l'existence de la prétendue maîtresse du coiffeur. En bref, je pataugeais tout autant que vous, Bill, lorsque, hier matin, vous êtes venu me parler de la bague portée par Mica. A partir de là, tout accusait Lanzolini et pourtant je n'arrivais pas à y croire...

— Mais comment êtes-vous arrivé à Lydia?

— Vous vous souvenez de cette gravure qui vous amusait dans le salon de la signora Fotis?

— Oui, celle de ma chambre de gosse : « A good name is better than riches[1]. »

— Ici, nous disons : « Val piu buon nome che le richezze. »

[1]. Bonne renommée vaut mieux que ceinture dorée.

— Et alors?

— Rappelez-vous que cette formule était inscrite dans le billet reçu par Matteini et qu'il nous a montré?

— C'est vrai!

— Ce proverbe était-il si familier au correspondant anonyme du coiffeur qu'il le mettait dans ses lettres sans même y prendre garde? Et cette familiarité ne tenait-elle pas à ce qu'il l'avait constamment sous les yeux? Du coup, je commençai à penser à Lydia Fotis sans voir d'ailleurs où pouvait être sa place dans l'aventure. Il y avait bien la maîtresse fantomatique de Matteini...

— Et c'est de là que vous êtes parti?

— Pas tout à fait... Quand nous nous sommes quittés pour aller nous préparer au dîner qui devait nous réunir avec votre beau-père et votre fiancée, Luppo m'a déclaré qu'il avait quelque chose à me signaler. Imaginant qu'il s'agissait d'une question de service, je ne vous ai pas retenu. Je ne sais si vous avez gardé en mémoire le fait que lorsque vous êtes venu me dire votre indignation d'avoir rencontré Mica en compagnie de Lanzolini alors qu'ils avaient rompu, je vous ai répondu qu'Orlando était un hommes à bonnes fortunes et que, pas plus tard que la veille au soir, Luppo l'avait aperçu avec une femme. Or, l'inspecteur me jura que cette inconnue ressemblait étrangement à la signora Fotis. Lydia mentait donc. Si elle avait menti sur un point, pourquoi pas sur les autres? Et si elle jugeait bon de cacher aussi soigneusement ses relations avec Lanzolini, c'est qu'elle avait une raison grave. Cette raison ne serait-elle pas le secret de Matteini révélé par Orlando? De là à admettre que Lydia Fotis pouvait être la mystérieuse maîtresse de

Matteini il n'y avait qu'un pas. Rien ne m'empêchait de le faire. Elle mentait encore en nous disant que Mica en la quittant était retournée chez Lanzolini. A quoi rimait ce nouveau mensonge, sinon à nous faire inculper Mica d'un crime dont elle n'avait connaissance que parce qu'elle en était l'auteur. Tout s'enchaînait admirablement, sauf le meurtre de Rossi, mais je pensais bien que si nous mettions la main sur l'assassin d'Orlando tout s'expliquerait. Coupable, détentrice des bijoux, Lydia devait obligatoirement s'enfuir. C'est ce qui est arrivé et nous a permis de la prendre sans qu'elle puisse nier quoi que ce soit. Et voilà, Bill. Comme vous vous en rendez compte, pas d'intuition géniale, pas de méthodes infaillibles, simplement une certaine connaissance des hommes et des femmes, et puis le hasard, ce bon vieux hasard, sans lequel les policiers n'arriveraient pas souvent au terme de leurs enquêtes. Mais rendez-moi cette justice, c'était bien une histoire d'amour ?

— Sans aucun doute, Roméo.

Tarchinini passa son bras sous celui de son ami.

— Et à propos d'amour, Bill, qu'est-ce qui s'est passé avec ma Giulietta ?

— Roméo, j'étais loin de penser que la jeune fille rencontrée et dont je vous ai parlé était votre fille !

— Elle vous aime, hein ?

— Je ne sais pas.

— Moi, j'en suis sûr. Je n'ai eu qu'à la regarder... Vous l'aimez, vous ?

— Je crois que oui.

— Et Valérie ?

— Ce n'est pas la même chose.

— Je ne vous comprends pas, Bill. Bien que nous ayons l'esprit large à Vérone, nous ne tolérons pas encore la bigamie. Oui ou non, allez-vous épouser Valérie Pearson?

— Je pense que oui.

— Pourquoi?

— D'abord, parce que nous sommes fiancés, ensuite parce quelle est très riche, enfin parce que mon mariage avec elle m'assurera une des premières positions dans Boston et m'ouvrira la carrière politique...

— Je vous la souhaite belle, car vous l'aurez payée assez cher...

Ils arrivèrent devant le Riva san Lorenzo e Cavour et s'arrêtèrent, ne sachant plus trop que dire.

— Adieu, Bill.

— Adieu, Roméo... Je suis très heureux de vous avoir connu. Ce sera pour moi un magnifique souvenir. Présentez mes hommages à la signora Tarchinini et dites à Giulietta...

— Je ne lui dirai rien, Bill, cela vaut mieux. Le temps la guérira comme il guérira Mica Rossi. Buona fortuna, amico! [1]

Avant que Leacok ait pu prévoir son geste, Tarchinini l'étreignit et l'embrassa sur les deux joues, puis s'en alla très vite. Cyrus A. William ne jugea pas cette initiative ridicule et même il dut serrer les mâchoires pour empêcher des damnées larmes de lui monter aux yeux.

1. Bonne chance, ami!

CHAPITRE XII

Lorsque le téléphone vibra, Cyrus A. William se demanda quel pouvait bien être l'imbécile trouvant intelligent de le réveiller en pleine nuit. Une voix anonyme annonça qu'on lui souhaitait une bonne jorunée et que dix heures venaient de sonner.

— Et qu'est-ce que vous voulez que ça me fasse ?

Il y eut un court moment de silence qui marquait sans doute le désarroi de l'invisible interlocuteur, puis on répondit :

— Signore, vous prenez l'avion à treize heures.

— Bon, Ça va !

C'est vrai que dans trois heures il s'envolerait en direction des U. S. A. il était temps, en effet, qu'il se préparât. Leacok se leva, passa sa robe de chambre et, selon une vieille manie, prit une tablette de cheving-gum qu'il mastiquerait tout en procédant à sa toilette. Mais ce matin, le goût fade de la gomme eut tôt fait de l'écœurer.

Il la cracha avec dégoût en se demandant comment une créature de Dieu pouvait se livrer à d'aussi répugnantes pratiques. Sans en avoir conscience, Cyrus A. William reniait toute une civilisation : la sienne. Maussade, il alluma une cigarette, ouvrit ses volets et, accoudé au balcon, regarda le soleil dorer Vérone par couches successives. Ainsi, c'était fini. Les vacances s'achevaient. Les dernières vacances. Adieu, Roméo et la mama qui préparait si bien les spaghetti, et les bambini batailleurs, et la concierge qui admirait les beaux hommes, et Mica Rossi qui allait se trouver bien seule. Adieu chère Giulietta... L'Américain réentendait le cri qu'elle avait poussé en l'apercevant dans le salon de ses parents. Elle l'aimait... Mais avec elle, il ne serait jamais sénateur du Massachusetts. Le tout était de savoir si le Massachusetts et la gloire promise valaient Giulietta et Vérone. Cyrus A. William se secoua pour dissiper les ultimes traces de l'envoûtement. Une carrière toute droite, avec les plus grands honneurs et des dollars en masse, voilà ce qui l'attendait. Il aurait tort de se plaindre. Il se dirigea vers la salle de bains mais en chemin il rencontra un fauteuil et s'y laissa tomber pour y fumer une seconde cigarette et rêver une dernière fois à Giulietta. Dans son esprit un peu embrumé par une nuit presque blanche, défilaient en un lent carrousel tous ces hommes et toutes ces femmes auxquels il avait eu affaire au cours de cette semaine passée à Vérone. Il repensa au vieux bonhomme en chemise qui criait : « Viva il Duce ! » et à l'agent avec qui il manqua se battre, et ce brave cabaretier qui buvait fraternellement la grappa avec lui.

Des coups violents frappés contre sa porte obligèrent

Leacok à reprendre pied dans la réalité. Il alla ouvrir et se trouva en présence de Matthew D. Ovid qui l'écarta pour entrer. Avant que Cyrus A. William ait pu placer un mot, le père de Valérie s'emporta :

— L'avion part dans moins d'une heure et vous êtes encore en pyjama ?

— Moins d'une heure ?

— Il est midi cinq !

— Le temps est passé sans que je m'en aperçoive... Je me dépêche...

— Je vous accorde dix minutes !

Tout en se précipitant dans la salle de bains, Leacok s'enquit :

— Où est Valérie ?

— A l'aéroport.

— Cyrus A. William, qui commençait à se raser, s'interrompit :

— Pourquoi n'est-elle pas venue me chercher ?

— Parce qu'elle n'était pas certaine que vous soyez disposé à partir !

Leacok interrompit sa toilette. Valérie aurait-elle mieux compris que lui ? Par son attitude lui montrait-elle le chemin à prendre ? Oui, mais le Massachusetts... le Sénat... Intrigué par son silence subit, Pearson cria :

— Et alors ? Vous êtes devenu muet tout d'un coup ?

Cyrus A. William revint dans la chambre.

— Pearson...

— Qu'est-ce qu'il y a ?

— Je me demande si Valérie n'avait pas raison ?

— A quel propos ?

— Sur mon désir de partir.

— Ah!...

Le ton de Matthew D. Ovid changea.

— Cyrus... vous n'aimez pas ma fille ?

— Disons : pas comme je le pensais.

— Je vois... La petite d'hier soir, hein ?

— Oui, je crois.

— Écoutez-moi bien, Pearson : si nous partons sans vous, ce sera fini et votre position à Boston très compromise.

— Entre nous, Pearson, je m'en fous...

Le père de Valérie resta un moment interloqué, puis, tapant sur l'épaule de celui qui aurait pu être son gendre :

— Entre nous aussi, Leacok, vous avez bougrement raison. Je me suis ennuyé toute ma vie avec la mère de Valérie et je ne pense pas que ma fille sera plus agréable que sa mère pour un mari. Elle a trop de dollars pour devenir une femme comme les autres. Vous emmènerez votre bien-aimée aux États ?

— Non.

— Vous n'allez tout de même pas vous installer parmi ces gens à moitié fous ?

— Eux, ils pensent que c'est nous qui sommes fous et je crois bien qu'ils ont raison... Vous m'en voulez ?

— Pourquoi en voudrais-je à un homme qui, au moment de se passer la corde au cou, reprend goût à la vie et refuse de se pendre ?

— Vous êtes un chic type, Matthew D. Ovid !

— Un pauvre type, oui ! Au revoir, garçon, et bonne chance !

Au moment de sortir, Pearson se retourna :

— Je devine que je vais venir en Europe beaucoup

plus souvent que par le passé et si vous acceptez de me recevoir, Cyrus, on me reverra à Vérone!

— Vous y serez toujours le bienvenu!

Embusqué près de la porte par où entraient les employés de Maggin et Holpes, Leacok guettait l'arrivée de Giulietta Tarchinini. Au moment où elle passait près de lui, il sortit de sa cachette et lui prit le bras :

— Giulietta...

La surprise lui fit pousser un léger cri, mais le reconnaissant, elle balbutia :

— Qu'est-ce que vous me voulez encore, signore?

— Giulietta, mon amour, j'ai une grande nouvelle à vous annoncer!

— Nous n'avons rien à nous dire, signore. Laissez-moi, il est l'heure que je retourne à mon travail!

— Non!

Elle le regarda, se demandant s'il ne devenait pas fou.

— Non?

— Non. La fiancée de Cyrus A. William Leacok ne peut pas travailler comme n'importe quelle fille de Vérone, voyons!

Giulietta était tellement stupéfaite qu'elle se laissa emmener sans opposer la moindre résistance. Ils gagnèrent leur banc devant le tombeau de Giulietta, l'autre, celle d'autrefois.

— Je vous aime, Giulietta, et vous m'aimez...

— Mais... Votre Américaine?

— Elle est repartie pour Boston.

— Alors, vous...

— Moi, je suis resté pour que vous soyez ma femme.

Elle se mit à pleurer et bégaya :

— Ce... ce n'est pas... pas possible... Jamais mes parents n'accepteront que... que je parte pour... pour l'Amérique... C'est... c'est trop loin...

— Aussi, il n'en est pas question! Je m'installe à Vérone!

— Elle le regarda, transfigurée.

— Ce... ce n'est pas vrai?

— Bien sûr que si! Et on va aller trouver papa tout de suite. D'accord?

— D'accord!

Mais à quatre heures de l'après-midi, ils étaient encore sur le banc, perdus dans leurs projets.

— Vous aimez les enfants, Bill?

— Je les adorerai s'ils ont le bon goût de vous ressembler.

Elle décréta :

— Nous en aurons deux! Un garçon et une fille.

— Seulement?

— J'ai élevé mes frères et sœurs, ça me suffit comme famille nombreuse. Nous les appellerons...

— Roméo et Giulietta, non?

Extasiée, elle joignit les mains.

— Oh! comment avez-vous pu deviner?

Romans d'Exbrayat

(Masque et Club des Masques)

Le Club
des Masques

IMPRIMÉ EN FRANCE PAR BRODARD ET TAUPIN
Usine de La Flèche (Sarthe).
ISBN : 2 - 7024 - 0111 - 2
ISSN : 0768 - 0384

H 31/0012/0